A TORRE EIFFEL
VERDADES & LENDAS

François Vey

A TORRE EIFFEL

VERDADES & LENDAS

Tradução de Julia da Rosa Simões

L&PM EDITORES

Texto de acordo com a nova ortografia.

Título original: *La Tour Eiffel. Vérités et légendes*

Tradução: Julia da Rosa Simões
Capa: Ivan Pinheiro Machado
Preparação: Mariana Donner da Costa
Revisão: Nanashara Behle

CIP-Brasil. Catalogação na publicação
Sindicato Nacional dos Editores de Livros, RJ

V662t

    Vey, François
        Torre Eiffel : verdades e lendas / François Vey; tradução Julia da Rosa Simões. –1. ed. – Porto Alegre [RS]: L&PM, 2024.
        208 p. ; 21 cm.

        Tradução de: *La Tour Eiffel. Vérités et légendes*
        ISBN 978-65-5666-477-4

        1. Eiffel, Gustave (1832-1923). 2. Torre Eiffel (Paris, França) - História. I. Simões, Julia da Rosa. II. Título.

24-89133   CDD: 725.97094436
                CDU: 725.94(443.61)

Meri Gleice Rodrigues de Souza - Bibliotecária - CRB-7/6439

© La Tour Eiffel, Vérités et légendes © Perrin, Paris, 2018

Todos os direitos desta edição reservados a L&PM Editores
Rua Comendador Coruja, 314, loja 9 – Floresta – 90.220-180
Porto Alegre – RS – Brasil / Fone: 51.3225.5777
Pedidos & Depto. comercial: vendas@lpm.com.br
Fale conosco: info@lpm.com.br
www.lpm.com.br

Impresso no Brasil
Outono de 2024

Sumário

Apresentação 7

1. Gustave Eiffel inventou a torre que leva seu nome?....... 13
2. As obras da Torre contaram com apenas sessenta operários?.. 21
3. A torre Eiffel poderia ter se chamado torre Bönickhausen? 28
4. Um antigo revolucionário impôs a Torre? 35
5. A Dama de Ferro teve um arquiteto oculto? 42
6. Gustave Eiffel foi um bom gestor?................................. 50
7. Os maiores artistas foram seus piores adversários?....... 58
8. Gustave Eiffel era maçom? 67
9. O general Georges Boulanger quase ofuscou Eiffel? 74
10. Eiffel era megalomaníaco? 83
11. Os americanos são os melhores amigos da Torre?....... 95
12. Eiffel, cúmplice ou vítima do escândalo do Panamá? 102
13. O grande amor de Eiffel foi sua filha Claire? 109
14. A torre Eiffel correu o risco de desaparecer?............. 117
15. A batalha do Marne foi vencida graças à Torre? 124
16. A torre Eiffel foi usada como suporte publicitário?... 132
17. A televisão francesa deve tudo à torre Eiffel? 140

18. A torre Eiffel sempre foi um sucesso?...........................147
19. A torre Eiffel atrai as façanhas mais loucas? 154
20. A torre Eiffel é um alvo para os terroristas?................165
21. A torre Eiffel tem boa comida?....................................171
22. A torre é lucrativa? 179

Marcos históricos 186

Bibliografia selecionada 202

Apresentação

A Dama de Ferro comemora 135 anos em 2024, ano em que Paris recebe os Jogos Olímpicos. O monumento-símbolo da capital está radiante como nunca para este grande encontro com a História. Um grande projeto de renovação foi concluído em 2023, com uma série de reformas recuperando o atraso de anos.

Inaugurada em 15 de maio de 1889, ela se tornou nessa data a torre mais alta já construída pelo homem e a estrela da Exposição Universal que celebrou o centenário da Revolução Francesa. Desde então, ela continua sendo o monumento pago mais frequentado do mundo, com mais de 6 milhões de visitantes por ano, à frente do Empire State Building de Nova York, que atrai 4,5 milhões e lhe retirou o título de edifício mais alto em 1931.

A seus pés, a esplanada e os jardins do Champ-de--Mars foram rejuvenescidos a partir de 2019. A vasta área entre a ponte de Bir-Hakeim e o Museu do Quai Branly foi completamente redesenhada para oferecer caminhos de acesso atraentes. A recepção ao público foi repensada, a fim de priorizar reservas online e reduzir significativamente o tempo de espera. Como a Torre não pode receber mais que 30 mil visitantes por dia em seus três andares, que oferecem um espaço total disponível de apenas 5,5 mil metros quadrados, um esforço significativo foi feito para atender as necessidades das 120 mil pessoas que diariamente a admiram de baixo, sem utilizar os elevadores ou as escadas de cerca de 1,7 mil degraus. Novas placas informativas foram instaladas para contar ao público a fabulosa história desse monumento.

Construída pelo engenheiro Gustave Eiffel (1832-1923) em apenas 26 meses (1887-1889), ela é objeto de lendas mais ou menos fantasiosas. Embora cada um de seus lados tenha a forma de um *A*, este não foi um artifício de Eiffel para declarar com pompa seu amor por uma certa Amélie. E seus três andares não fazem referência aos graus da maçonaria (aprendiz, companheiro e mestre). O homem que concebeu inicialmente a Torre não foi Eiffel, mas seu jovem engenheiro franco-suíço, Maurice Koechlin (1856-1946). E o arquiteto dessa que originalmente deveria ser uma atração de feira se chamava Stephen Sauvestre (1847-1919). O primeiro teve a ideia de erigir um pilar metálico na vertical. Especialista em resistência de materiais, ele desenhou quatro lados dispostos sobre uma base quadrada para maximizar a estabilidade, pois a estrutura metálica original pesava nada menos que 7 mil toneladas. O outro se empenhou em dar formas estéticas interessantes a esse esquema de engenharia.

É por isso que a torre metálica apresenta em cada face uma forma alongada em triângulo, que hoje vemos no logotipo dos Jogos Olímpicos de Paris 2024.

Para que estivesse pronta para o evento, a Dama de Ferro contou com um orçamento de 300 milhões de euros, compreendendo a atualização do sistema de monitoramento por câmeras de segurança, proteção contra ataques terroristas, renovação dos elevadores e recrutamento de sessenta novos funcionários (totalizando 320) pela empresa concessionária.

Depois de uma primeira fase de renovação, concluída em abril de 2018, uma grande operação de pintura teve início. Foi a vigésima desde suas origens. Pela primeira vez, foi realizada uma decapagem completa de certas partes da Torre, cobertas por camadas sucessivas de tinta à base de chumbo. Além disso, andaimes foram fixados na estrutura do monumento, que até então havia privilegiado equipes de pintores alpinistas. Desde sua inauguração, o monumento é repintado em média a cada sete anos. Ele já teve, portanto, inúmeras cores, desde tons de marrom e verde até algumas tonalidades de amarelo e mesmo vermelho...

Paralelamente, a Société d'Exploitation de la Tour Eiffel (SETE) reestruturou os restaurantes e as lojas, que, aos olhos da empresa, haviam envelhecido. A brasserie do primeiro andar passou por uma mudança no menu, com a valorização de produtos frescos e de procedência local. Duas estrelas da gastronomia francesa foram recrutadas: o chef Frédéric Anton foi colocado à frente do restaurante Le Jules Verne, no segundo andar, com o objetivo de tornar o estabelecimento "um destino gastronômico incontornável de Paris", enquanto o midiático Thierry Marx dirige a Madame Brasserie, que oferece "uma cozinha popular para todos os públicos".

Nas lojas, são vendidos principalmente produtos exclusivos, como os 450 exemplares dos "diamantes de luz" vendidos em novembro de 2017 a 540 euros cada. Esses objetos "de colecionador" foram feitos a partir de lâmpadas de iluminação da Torre (20 mil a iluminam à noite), retrabalhadas e apresentadas em embalagens sofisticadas.

"Estamos trinta ou quarenta anos atrasados no que diz respeito aos produtos derivados", admitiu a diretora-geral da SETE. A Torre já não pode se contentar com as banquinhas dos vendedores ambulantes espalhados pela esplanada que oferecem chaveiros e réplicas em miniatura aos turistas. Foi preciso retomar completamente o controle de todo o marketing.

O objetivo deste amplo plano de modernização é alcançar 7,4 milhões de visitantes em 2024 (contra 6,2 milhões em 2017), com 40 milhões de euros de lucro (contra 18 milhões de euros). Estes valores serão revertidos em royalties para a cidade de Paris, proprietária da Torre desde o contrato assinado em 1886 com Gustave Eiffel.

Gerente e comunicador eficaz, esse ambicioso industrial e homem de negócios deixou para a posteridade uma construção representativa dos avanços técnicos do século XIX. Destinada, a princípio, a ser demolida vinte anos depois da construção, a torre deve a ele sua sobrevivência. De fato, Gustave Eiffel soube encontrar uma série de usos científicos (astronomia, meteorologia, telecomunicações) e militares para a torre, prolongando sua existência até o influxo do turismo em massa a salvarem definitivamente, nos anos 1960, garantindo-lhe uma grande rentabilidade.

Personagem singular, Gustave Eiffel se empenhou, depois do triunfo de 1889, em preservar sua própria lenda, chegando a escrever a história do monumento e, mais tarde, uma autobiografia. Ele o fez para se reabilitar, em 1893, depois de ser condenado a dois anos de prisão por abuso de confiança e fraude no escândalo do Panamá; e, também, para preparar seu legado.

Ele relata, por exemplo, sua mudança de nome em 1880, quando trocou o sobrenome germânico Bönickhausen, que constava em sua certidão de nascimento, por Eiffel, nome de um maciço na Renânia, berço da família. Mas guarda segredo sobre sua relação com a maçonaria.

A ascensão social romanesca de Gustave Eiffel, jovem provinciano ambicioso que se tornou uma figura influente da burguesia republicana parisiense, continua alimentando rumores. Alguns ainda atribuem a ele a invenção da cinta-liga. A Torre não parece uma perna envolta em uma meia-calça arrastão, e a estrutura aracnídea do primeiro andar (aos quais estão presos os quatro pilares) não lembra as tiras da roupa íntima feminina?

Na verdade, essa história é o resultado de uma brincadeira do autor de quadrinhos Jacques Lob (1932-1990) na revista *L'Echo des savanes*. Em 1983, Lob escreveu que Gustave Eiffel concebeu esse acessório para responder a um desafio da esposa. Lob forneceu como "prova", além da semelhança entre o primeiro nível da Torre e a forma da cinta-liga, uma fonte: o livro *Petites et grandes inventions françaises* [Pequenas e grandes invenções francesas], publicado pela editora Bousset em 1946. Mas esse livro não existe, e tampouco a editora fictícia à qual Lob deu o sobrenome de sua esposa. É a Féréol Dedieu que devemos a invenção da cinta-liga, por volta de 1876.

Objeto das mais diversas fantasias, como bem mostrou o escritor Roland Barthes no livro dedicado à torre Eiffel, com fotografias de André Martin (publicado pela editora Delpire, em 1964), o monumento mantém uma incrível história de amor com os turistas atraídos por Paris. A fim de que esta chama não se apague, muito vem sendo feito na promoção internacional de sua imagem, para alimentar o desejo de visitá-la. Que a Torre saiba preservar sua alma, que como por magia se tornou a alma de Paris.

1

Gustave Eiffel inventou a torre que leva seu nome?

Todos somos cidadãos da torre Eiffel.
Jules Simon, presidente do Conselho
da Terceira República (1814-1896).

O desenho é a linguagem do engenheiro.
Karl Culmann (1821-1881), professor na Escola
Politécnica de Zurique, de quem foi aluno
Maurice Koechlin, o homem que concebeu a Torre.

O desenho é incrível. Um pilar de ferro de traços muito delicados, em cinco níveis, erguendo-se em direção ao céu. Ao lado desse esboço, à direita, alguns monumentos rabiscados. Um olhar treinado reconhece o empilhamento, de baixo para cima, da catedral de Notre-Dame de Paris (66 metros de altura), sobre a qual se eleva a Estátua da Liberdade (erigida em Nova York, 46 metros), que sustenta a coluna da Place Vendôme (15 metros). Isso não é tudo. Na ponta desta, o Arco do Triunfo (50 metros), encimado pela coluna da Bastilha (17 metros), que por sua vez recebe o obelisco da Place de la Concorde (23 metros). Sobre tudo isso é colocado – para completar – um prédio de nove andares!

Este andaime improvável foi concebido para fornecer uma representação concreta do tamanho da futura torre Eiffel. Sua altura total é de trezentos metros: uma estatura até então jamais alcançada por nenhum edifício ou monumento. No alto, à esquerda do desenho, figuram apenas um local e uma data: "Paris, 6 de junho de 1884".

O autor dos esboços se chamava Maurice Koechlin. Ele tinha 28 anos quando os colocou no papel, em sua residência parisiense, no número 11 da Rue Le Châtelier, no 17º arrondissement. Esse projeto preliminar tem a forma de um pilar fixado ao solo por vigas espaçadas, dispostas dentro de um quadrado. Ele é respeitosamente preservado na Escola Politécnica de Zurique, onde o engenheiro franco-suíço estudou. Em busca de algo "que pudesse conferir encanto" à Exposição Universal de 1889, Koechlin concebeu, a pedido de Gustave Eiffel, esse monumento de uma altura jamais alcançada.

Apaixonado por estruturas metálicas, Koechlin se juntou à empresa Eiffel, localizada em Levallois-Perret, nos arredores de Paris, em 1º de novembro de 1879, como chefe do departamento de projetos. Pressionado pelo chefe a apresentar uma ideia para a cidade de Paris, que buscava um destaque para a futura exposição, o brilhante engenheiro imaginou nada menos que a futura torre Eiffel!

Apelidado de "o homem dos cálculos", Maurice Koechlin não se contentou em propor uma torre que lembrasse uma ponte pênsil colocada de repente na vertical. Ele realizou uma série de estudos de viabilidade. Porque no mundo todo os engenheiros sonhavam em construir uma torre que pudesse alcançar mil pés, ou seja, mais de 304 metros de altura. E entre os vários problemas a serem resolvidos (peso da construção, natureza e solidez das fundações, escolha e custos dos materiais) estava a resistência ao ar, assunto que o fascinava.

Nascido em 1856 em Bühl (Alsácia), Maurice Koechlin fez seus estudos de engenharia civil em Zurique. Ele foi aluno de Karl Culmann (1821-1881), um teórico da resistência dos materiais que dizia que "o desenho é a língua do engenheiro". A seu lado, Koechlin aprendeu uma maneira de calcular a resistência dos materiais ao vento. Impressionado com Koechlin, muito promissor aos 23 anos, Gustave Eiffel o contratou como chefe de departamento. Koechlin permaneceria fiel a seu chefe parisiense por toda a carreira. Antes de projetar a Torre, ele participou, no início da década de 1880, do projeto do viaduto ferroviário de Garabit (Cantal), acima das gargantas de La Truyère, a obra mais espetacular de Eiffel (antes da Torre), com mais de 560 metros de comprimento. Depois, ele realizou os cálculos para a estrutura interna da estátua da "Liberdade Iluminando o Mundo", a obra monumental do escultor Bartholdi, erigida em frente ao porto de Nova York e inaugurada em 28 de outubro de 1886.

Em Levallois-Perret, Koechlin trabalhou em estreita colaboração com outro chefe de departamento, Émile Nouguier (1840-1898), dezesseis anos mais velho. Este engenheiro de minas, encarregado da organização das obras, desempenhava um papel central na empresa, pois planejava a fabricação de todas as peças e sua entrega nos canteiros de obras. Nouguier havia começado na empresa Gouin, outra figura importante da construção de pontes. Foi lá que Gustave Eiffel o conheceu e o contratou. A primeira missão de Nouguier no novo emprego foi construir a ponte ferroviária Maria Pia, sobre o

Douro, na entrada da cidade do Porto. Essa ponte pênsil era uma proeza técnica: situada em um vale muito profundo, de difícil acesso às máquinas, seu arco único ligava as duas margens do rio, de leito muito arenoso, sem a necessidade de um pilar intermediário dentro das águas. Nouguier coordenou as obras com grande habilidade. Sem rodeios, Gustave Eiffel escreveu que esse feito, pela "audácia do procedimento, pela grandeza da iniciativa", atraiu "a atenção do mundo científico de todos os países" para o nome... "Eiffel".

Com dois colaboradores tão excepcionais quanto Koechlin e Nouguier, Gustave Eiffel dispunha de dois grandes trunfos. No entanto, apesar de sua confiança, quando eles lhe apresentaram uma ideia revolucionária – a Torre! –, este último se mostrou cético. Será que achava o projeto fantasioso demais, sabendo que o sonho de todo engenheiro era erguer uma estrutura de mil pés? Será que temia que a obra fosse de difícil realização, por razões financeiras, e de utilidade duvidosa?

Nos Estados Unidos, outro grande projeto estava dando o que falar e obcecava arquitetos e engenheiros: o obelisco de Washington, que originalmente teria seiscentos pés, ou 183 metros de altura. Iniciada em 1848, a construção em alvenaria foi interrompida seis anos depois: o monumento estava inclinado, como a famosa Torre de Pisa... Os americanos estavam presos a... 49 metros de altura. O projeto precisou ser revisado e as fundações, redesenhadas. As obras recomeçaram em 1877. A estrutura seria inaugurada oito anos depois, atingindo uma altura de 169 metros. O resultado deveria inspirar modéstia.

Na Itália, outro projeto impressionante estava em andamento, em Turim: a torre Mole Antonelliana, batizada em homenagem ao seu arquiteto, Alessandro Antonelli. Originalmente, o prédio deveria abrigar a sinagoga da cidade. Diante da magnitude das obras, da extensão dos prazos e do aumento dos custos, a comunidade judaica desistiu do projeto. A prefeitura assumiu a construção da obra, que atingiu 170 metros de altura (em 1888, ao ser concluída). No início, ela abrigava o Museo Nazionale del Risorgimento (literalmente, do "Ressurgimento", ou seja, da unificação italiana) e, desde o ano 2000, o Museu Nacional do Cinema.

Muito antes dessas realizações, há cerca de 4,5 mil anos, outra obra de 146 metros de altura continuava a fascinar: a pirâmide egípcia de Quéops.

O projeto igualmente faraônico de Koechlin e Nouguier se baseava, por sua vez, nos avanços de construção das estruturas metálicas. Eiffel não estava convencido, mas autorizou os dois colaboradores a trabalhar no projeto durante seu tempo livre. Foi o que eles fizeram.

Koechlin teve a ideia de utilizar pilares agrupados em feixes invertidos: a gigantesca flecha apontando para o céu precisaria repousar sobre uma base sólida. E como a construção deveria oferecer a menor resistência possível ao ar, ele imaginou uma estrutura semelhante a uma teia de aranha, permitindo a passagem do vento, formada por vigas de ferro unidas umas às outras, para máxima leveza. Com o gigantesco sistema de encaixes que Koechlin e Nouguier imaginaram, a Torre poderia pesar 7,5 mil toneladas. No solo, a pressão exercida por metro quadrado seria baixa, equivalente à de um homem: Gustave Eiffel sentado em uma cadeira, por exemplo...

Com os primeiros projetos na mão, Koechlin e Nouguier procuraram o arquiteto Stephen Sauvestre. Primeiro lugar da primeira turma da nova Escola Especial de Arquitetura, em 1868, ele havia trabalhado com a empresa Eiffel no pavilhão da Companhia Parisiense de Gás, na Exposição Universal de 1878. Em Paris, ele desenhou muitos palacetes particulares e mansões no novo bairro da Plaine Monceau, no 17º arrondissement da capital. Quando examinou os sensacionais esboços dos dois engenheiros, ele soube o que precisava fazer: "vestir" a obra, para conferir harmonia à silhueta geral. Assim, ele interligou os quatro pilares ao primeiro patamar por meio de grandes arcos, acrescentou grandes salas envidraçadas aos andares, decorou com vitórias aladas e coroou o topo com um domo.

Esses três homens – Koechlin (28 anos), Nouguier (44 anos) e Sauvestre (38 anos) – foram os verdadeiros pais da torre Eiffel. Combinando seus talentos, eles foram convincentes o suficiente para que Eiffel, em questão de semanas, aderisse ao projeto. Em 18 de setembro de 1884, uma patente de invenção foi registrada sob o número 164.364, em nome de Eiffel, Koechlin e Nouguier. Tratava-se de "uma nova disposição, que permite construir pilares e suportes metálicos com uma altura superior a trezentos metros".

Em 27 de setembro, o desenho de Koechlin, enriquecido com as modificações estéticas e decorativas de Stephen Sauvestre, foi apresentado no Palácio da Indústria, durante a exposição anual de Artes Decorativas. O escultor Auguste Bartholdi, muito próximo de Eiffel, foi apresentado a ele em *avant-première*, em um gesto de estima e confiança. Em seguida, Gustave Eiffel defendeu o projeto de seus colaboradores perante o Conselho Municipal de Paris, que o questionou sobre suas intenções para a Exposição Universal de 1889, sabendo que sua empresa já havia construído o vestíbulo do Palácio do Champ-de-Mars (um edifício de trezentos metros de comprimento e 26 metros de largura) e o Pavilhão de Paris, na Exposição Universal anterior, onze anos antes.

Eiffel decidiu aceitar o desafio. Ou melhor, ele tomou para si o prodigioso projeto de uma torre três vezes mais alta que a catedral de Chartres (113 metros) e a flecha dos Invalides (105 metros). Em 12 de dezembro de 1884, ele assinou um contrato com Maurice Koechlin e Émile Nouguier, pelo qual adquiriu com exclusividade os direitos sobre a patente. A título de compensação, os dois colaboradores de Eiffel receberiam 1% do custo de construção depois de concluída, ou seja, 80 mil francos à época (de um total de 8 milhões). O que representa cerca de 320 mil euros atuais. Além disso, Eiffel se comprometeu a mencionar seus nomes em todas as declarações relativas à Torre.

A propriedade intelectual da Torre passou a pertencer a Gustave Eiffel. Ela se tornou *sua* torre. E mais ainda quando ele decidiu financiá-la, constituindo uma sociedade anônima à qual forneceu metade do capital, sendo o restante distribuído entre investidores. Devemos ficar indignados com esse controle de um empresário sobre a patente e o projeto de seus colaboradores? A prática era comum no século XIX e continuou no seguinte.

De todo modo, aos 52 anos Eiffel estava convencido de ter em mãos um projeto revolucionário. A partir de então, ele se lançou de corpo e alma na batalha, especialmente porque tinha certeza de que poderia colocar seu nome em *sua* futura torre. Hoje em dia, falaríamos de *branding*: a prática que consiste em dar o nome de uma marca a estádios ou grandes salas de espetáculo. Ele estava disposto a apostar todas as fichas. O comprometimento seria total. A torre mais alta do mundo seria, sem dúvida, o produto de seu gênio empresarial. Mas não podemos esquecer o papel de Maurice Koechlin (1856-1946), que se manteve como presidente da Société de la Tour Eiffel até a Segunda Guerra Mundial. Eiffel lhe devia ao menos essa homenagem.

2

As obras da Torre contaram com apenas sessenta operários?

> *Uma lembrança que parece obcecar os sobreviventes é a espécie de calma, de lenta imobilidade da qual nascia o mais frenético trabalho. Nenhum grito e equipes dispersas, pouco numerosas, que pareciam imóveis e interligadas pelo maquinário.*
> François Poncetton, *Eiffel, le magicien du fer.*

> *Na arte de conter as incertezas por meio da audácia, Gustave Eiffel e sua equipe detêm alguns segredos que despertam o interesse dos gestores mais de um século depois.*
> Anne Vermès, professora no IEP de Paris, *Piloter un projet comme Gustave Eiffel.*

A construção da torre Eiffel foi um feito extraordinário. O monumento mais alto do mundo à época, com mais de trezentos metros, foi erguido em apenas 26 meses, de 1887 a 1889. O obelisco de Washington – até então detentor do recorde mundial de altura, com 160 metros – havia levado quarenta anos para ser concluído.

Todos os recursos e conhecimentos da empresa de Gustave Eiffel precisaram ser mobilizados. Ao todo, 325 pessoas:

engenheiros, técnicos, mestres de obras, mas principalmente contramestres e operários. Sua eficiência é impressionante. Cada equipe autônoma era composta por diferentes ofícios: carpinteiros, montadores, rebitadores, raspadores, soldadores...

O gigantesco canteiro de obras emanava uma tranquilidade semelhante à dos grandes viadutos construídos pela empresa Eiffel na França e na Europa. Os observadores ficavam impressionados com a habilidade de todos, fundamentada em técnicas de pré-fabricação e montagem que as oficinas – localizadas em Levallois-Perret, subúrbio oeste de Paris – executavam à perfeição graças à experiência adquirida ao longo de várias décadas.

Apelidado de "mago do ferro", Eiffel podia se orgulhar de ter construído cerca de mil estruturas durante sua carreira, principalmente pontes, tanto no Velho Continente quanto na América do Sul e na Indochina.

No Champ-de-Mars, nunca havia mais de 250 trabalhadores. Entre eles, muitos italianos do centro e do norte da península. O núcleo de trabalhadores presentes desde a escavação das fundações até a conclusão do terceiro andar se limitou a cerca de apenas sessenta operários. Eles puderam ficar legitimamente orgulhosos do trabalho realizado: foram os primeiros construtores do céu! Muito antes de os Estados Unidos iniciarem a construção de seus arranha-céus com o uso de mão de obra de indígenas destemidos.

Em Paris, o canteiro de obras seguiu o cronograma de 26 meses, um prazo recorde. E isso apesar das dificuldades encontradas: fundações complexificadas pela proximidade do Sena e greves para protestar contra as condições de trabalho durante o último trimestre de 1888. No final, porém, nenhum acidente de trabalho fatal foi registrado. O único operário que faleceu, Angelo Scagliotti, foi vítima de uma queda posterior à conclusão das obras. Sua viúva foi indenizada pessoalmente por Eiffel, que, preocupado em abafar qualquer polêmica e publicidade negativa, ofereceu-lhe cobrir os custos de seu retorno e o dos filhos ao país natal.

O desempenho do canteiro de obras quase obliterou todas as discussões sobre a localização da futura torre. Alguns propuseram que seus pés atravessassem o Sena, para que ela ficasse sobre as duas as margens. A ideia era atraente, mas a realização, extremamente perigosa. Outros a imaginaram no alto da colina do Trocadéro. No entanto, o palácio de Chaillot tinha acabado de ser construído, e a proximidade entre os dois monumentos parecia arriscada. Os organizadores da Exposição Universal de 1889 desejavam colocá-la logo na entrada do evento, no Champ-de-Mars. Foi a localização que acabou sendo escolhida.

A obra teve início em 26 de janeiro de 1887, com previsão de entrega para o final da primavera de 1889. As primeiras sondagens do solo foram desastrosas: o terreno era mais pantanoso do que o previsto. Mas a empresa de Eiffel já havia passado por situações semelhantes. Em um ambiente alagado, os engenheiros da casa utilizavam compartimentos de ar comprimido para escavar em grandes profundidades. Eles já haviam recorrido a esse método para construir a ponte sobre o Garonne, com o nome de Eiffel, que liderou as obras com maestria.

Em fevereiro de 1887, os compartimentos estavam prontos. Mas seriam perigosos para os operários? Para tranquilizar os jornalistas, que logo preocuparam e comoveram os leitores, o ministro do Comércio e Indústria, Édouard Lockroy, grande apoiador de Eiffel desde o início do projeto, não hesitou em servir de cobaia: ele próprio desceu em um desses compartimentos, em 1º de março de 1887. A intervenção, considerada corajosa, mostrou sua confiança e seu total comprometimento com Eiffel e o projeto.

Depois disso, os operários se prontificaram a trabalhar abaixo do nível da água. Eles desciam nesses compartimentos, que funcionavam como câmaras de mergulho. O ar comprimido expulsava a água. E os operários podiam cavar com segurança. Depois de cavar o suficiente, o cimento era derramado. A torre Eiffel teria bases sólidas, sem sombra de dúvida.

As fundações levaram seis meses para serem concluídas. No total, 30 mil metros cúbicos de terra, pedra e areia foram removidos. Próximo passo: a montagem dos quatro pilares. As operações foram iniciadas em 1º de julho de 1887. A tarefa se assemelhava a um gigantesco jogo de montar: 18 mil peças a serem encaixadas, 2,5 milhões de rebites a serem fixados a quente por operários trabalhando dezenas de metros acima do solo. Durante todo esse processo, os contramestres se basearam em 3,6 mil desenhos de projeto, consultados para os detalhes da montagem, e setecentos desenhos globais para orientar o encaixe das estruturas mais importantes. Esses números atestam a extraordinária complexidade da obra...

O departamento de projetos liderado por Maurice Koechlin, o jovem engenheiro que realizou o primeiro desenho da Torre em 1884 – e registrou as primeiras patentes para a construção de uma torre com mais de mil pés de altura, ao lado do colega Émile Nouguier – não ficou ocioso.

Por trás dessa incrível complexidade, em uma época sem calculadoras, e obviamente sem computadores, ocultava-se uma estratégia: a fragmentação do trabalho. Todas as tarefas complexas de montagem eram divididas em uma série de operações elementares. Havia quatro tipos de elementos: barras, placas, cantoneiras e rebites. Eles tinham tamanhos diferentes, a serem utilizados segundo as circunstâncias. No final, nenhuma das peças a serem montadas pesava mais de três toneladas. E os operários uniam segmentos que podiam carregar sozinhos. Uma perfeita divisão de tarefas.

Para içar as peças de carpintaria mais imponentes, gruas a vapor foram especialmente concebidas. Elas usavam as corrediças previstas para os futuros elevadores dos visitantes. Essas gruas se elevavam à medida que a Torre subia, tornando-se assim seu próprio andaime. Essa não foi a única proeza técnica. Para garantir a conexão das grandes vigas que convergiam no primeiro andar, os engenheiros conceberam um sistema de macacos hidráulicos. Instalados sob dois dos quatro pilares da Torre, eles permitiam ajustar sua altura. Dotados de uma força de oitocentas toneladas, eles eram acionados por uma bomba manual. Esses macacos hidráulicos permitiam alinhar as fundações, ajustando com precisão a altura dos quatro pés e a vasta plataforma que constituía o primeiro andar.

Depois que esses pilares estivessem devidamente interligados, os macacos hidráulicos eram substituídos por calços fixos de aço (não de ferro, como o restante da Torre). Ao contrário de uma lenda persistente, a torre Eiffel não foi erguida sobre macacos hidráulicos. Mas estes foram muito úteis na delicada fase de ajuste do monumento.

Em um ano, os operários conseguiram estabelecer com solidez a plataforma do primeiro andar e completaram a construção do segundo andar em meados de julho de 1888.

Do início ao fim da construção, a empresa de Gustave Eiffel realizou uma série de proezas técnicas. Às vezes, ao preço da deterioração do ambiente profissional, dada a dureza das condições de trabalho. Os operários foram contratados por 24 meses, sem um único dia de descanso. No papel, os salários eram relativamente altos. Os carpinteiros ganhavam 95 centavos por hora, enquanto um trabalhador agrícola, na época, recebia apenas 2 francos por um dia inteiro de trabalho. Mas os carpinteiros formavam uma corporação altamente qualificada, trabalhando na linha de frente, em condições perigosas. Eles eram responsáveis por construir as plataformas provisórias sobre as quais os operários – montadores e rebitadores – montavam as peças metálicas. Isso tudo a dezenas de metros do chão, portanto qualquer erro era fatal. As jornadas de trabalho de todos eram extenuantes: doze horas diárias no verão e nove horas no inverno. Nessa estação, quanto mais a Torre subia, mais o frio glacial se tornava polar.

Uma primeira greve eclodiu em 19 de setembro de 1888. Nesse conflito, o mestre de obras, Jean Compagnon, teve um papel crucial no apaziguamento das tensões. Este filho de operário, natural de uma pequena aldeia de Ain, havia feito seu aprendizado com os Compagnons du Devoir.* Contratado por Gustave Eiffel em 1876, o antigo apoiador da

---

* Organização francesa de trabalhadores ligados ao artesanato e às antigas corporações de ofício, que garante o aprendizado de jovens junto a mestres artesãos como padeiros, carpinteiros, charcuteiros, pedreiros, mecânicos, jardineiros, encanadores etc. (N.T.)

Comuna de Paris que se tornou mestre de obras precisou enfrentar os primeiros operários que se declararam socialistas. Gustave Eiffel sentiu a necessidade de intervir pessoalmente. Ele concordou em aumentar o salário por hora (de cinco para vinte centavos) e concordou em pagar pelas horas de trabalho perdidas durante a greve. Além disso, ele decidiu abrir um refeitório no primeiro andar: os operários pagariam menos por suas refeições e a empresa economizaria tempo. Todos sairiam ganhando. As obras logo foram retomadas. Mas as condições climáticas pioraram e, dias antes do Natal, uma nova greve estourou. Dessa vez, Gustave Eiffel não atendeu às reivindicações. Em vez disso, prometeu um bônus de cem francos aos operários que concluíssem a obra. E reorganizou as equipes, partindo do princípio de que era necessário dividir para conquistar. Aqueles que se recusavam a trabalhar acima do primeiro andar foram designados para serviços de acabamento e manutenção, enquanto os voluntários continuariam as tarefas difíceis, mas estimulantes, com uma recompensa no horizonte... E com o objetivo de logo ver a bandeira francesa tremular no topo da Torre.

No sábado, 30 de março de 1889, a marca de trezentos metros foi alcançada. No dia seguinte, Gustave Eiffel organizou uma "festa íntima das obras", para a qual foram convidados duzentos operários, contramestres e engenheiros. Como os elevadores ainda não estavam funcionando, eles subiram 1.710 degraus para chegar a ela. Uma medalha os aguardava para celebrar esse feito. Mais um para a coleção.

3
A torre Eiffel poderia ter se chamado torre Bönickhausen?

> *Estou decidido a fazer imediatamente o pedido de mudança de nome. E a suprimir esse nome composto [...] Vou pedir, para mim e meus filhos, para sermos chamados simplesmente de Eiffel.*
>
> Carta de GUSTAVE EIFFEL ao pai, 7 de março de 1877.

Gustave Eiffel (1832-1923) descendia de uma família de origem alemã. Ao nascer, em Dijon, esse filho de um antigo suboficial do exército napoleônico foi registrado com o nome "Bönickhausen, *dit* Eiffel". Durante toda a vida, essa figura da burguesia industrial francesa do século XIX se orgulhou de seus ancestrais, cujos documentos guardava metodicamente em arquivos. Graças a eles, é possível acompanhar como um desses antepassados se estabeleceu na França.

Tudo começou com o exílio de um mestre-escola alemão, Leo Heinrich Bönickhausen, e de sua esposa Gudule, acompanhados de um filho, único sobrevivente de cinco crianças. Eles deixaram a cidade de Marmagen, perto de Colônia, na Renânia, fugindo da pobreza e dos distúrbios causados pelas tropas de Luís XIV, que ocupavam a região e a submetiam a um regime severo.

Os migrantes tentaram a sorte em Paris. Seu filho, Wilhelm Heinrich, queria se integrar completamente: mudou o nome próprio, escolhendo se chamar Jean, como seu padrinho, e René, para marcar sua vontade de renascer em seu país de eleição. Jean-René Bönickhausen acrescentou a seu sobrenome o "Eiffel" (em homenagem ao maciço montanhoso de sua região de origem), que escreveu com dois "f" para torná-lo mais francês. Depois de anos de aprendizado, ele se estabeleceu como tapeceiro no bairro parisiense do Marais, sendo acolhido por um casal com cuja filha ele se casou, Marie Frederike Lideritz, em 1711.

Graças à família da esposa, ele se tornou guarda florestal nas fazendas do rei. Em 1734, morreu na Picardia, em Saint-Valery. Seu filho mais velho, Jean-Pierre Henry, se casou em 1743 com a filha de outro mestre tapeceiro, Marie Langoisseux. O casal se instalou na Rue Vieille-du-Temple, em Paris, onde Jean-Pierre Henry exerceu a profissão de tapeceiro, atividade que o filho Alexandre seguiu depois de se casar, em 1793, com a filha de outro mestre tapeceiro. Assim, uma tradição foi sendo passada de pai para filho e por meio de sucessivos casamentos dentro da mesma corporação. Esses artesãos "viviam no mesmo ambiente profissional", enfatiza Gustave Eiffel, "e aprendiam seu ofício da maneira mais séria, até se tornarem mestres. Assim, conheciam profundamente seu trabalho e o praticavam com gosto e respeito". Isso é o que mais fascina, ao fim da vida, o construtor da torre Eiffel, pai de cinco filhos, que transmitiu à filha mais velha, Claire, o futuro da família, e nomeou o genro, Alphonse Salles, à frente de sua empresa.

De todo modo, seus antepassados permaneceram por muito tempo no ramo da tapeçaria, atravessando, sem muitos obstáculos, os turbulentos anos da Revolução Francesa (1789), enquanto trabalhavam e viviam no coração da capital. O avô de Gustave, Alexandre Bönickhausen, teria aderido plenamente às novas ideias revolucionárias, enquanto seus próprios sogros, que trabalhavam para o rei, escolheram o exílio. Eles não estiveram presentes no casamento da filha, portanto. O filho do novo casal, por sua vez, chamado François-Alexandre, nascido em 1795, se alistou ao exército napoleônico em 1811. Juntando-se à unidade de elite dos hussardos, ele participou de três campanhas na Itália, onde foi ferido duas vezes. Com a queda do Império, em 1815, François-Alexandre foi dispensado por Luís XVIII, como milhões de outros soldados que haviam participado das guerras da Revolução e de Napoleão. No entanto, como ele gostava acima de tudo do ofício das armas, aos 21 anos ele decidiu se alistar novamente, como simples soldado, dessa vez na unidade de Caçadores do Oise. Ele passou dois anos na escola militar de Saumur, onde seu comprometimento o levou a ser promovido a suboficial, em 1823. Foi nesse momento que ele se encontrou em guarnição com sua unidade na cidade de Dijon. E lá conheceu a filha de um negociante de madeira, Catherine Moneuse. François-Alexandre Bönickhausen, *dit* Eiffel, casou-se com ela no mesmo ano. Gustave nasceu em 15 de dezembro de 1832.

Por mais de um século, portanto, sua família viveu completamente integrada à sociedade francesa. Seu pai, um fervoroso bonapartista durante toda a vida, aderiu às ideias de progresso, tornou-se maçom e se inscreveu na loja Solidarité, depois de ter trabalhado como intendente militar e na prefeitura de Dijon, antes de se juntar ao próspero comércio de sua esposa Catherine, uma excepcional mulher de negócios.

    Gustave trocou Dijon por Paris em 1850, durante a Segunda República, sonhando em se tornar aluno da Escola Politécnica. Embora não tenha sido aprovado por pouco no exame de admissão, ele finalmente se tornou um engenheiro da Escola Central durante o Segundo Império e se desenvolveu perfeitamente sob a Terceira República, compartilhando de todos os seus ideais, especialmente o da ascensão social pelo mérito. Em 1869, aliás, ele recebeu em suas oficinas de Levallois-Perret o candidato republicano Jules Simon (futuro primeiro-ministro, em 1876). No início da guerra contra a Prússia, Gustave se juntou à guarda nacional como sargento. Filho de soldado, sempre foi um verdadeiro patriota, não restam dúvidas. Mas ele ainda era Gustave Bönickhausen, *dit* Eiffel, para o registro civil, embora todos o conhecessem pelo nome de Gustave Eiffel.

    Suas origens acabaram depondo contra ele, contra sua vontade, quando da demissão de um desenhista industrial chamado Petitgirard de sua empresa, nos anos 1870. Para se vingar, Petitgirard escreveu ao conselho municipal de Levallois-Perret para reclamar do antigo patrão e manchar sua reputação. Petitgirard acusou Gustave Eiffel de ser na verdade um "prussiano" e, pior ainda, "um espião a serviço de Bismarck", que ocultava suas origens alemãs, confirmadas por seu verdadeiro nome (Bönickhausen), sob o sobrenome fictício de Eiffel, que soava muito mais francês.

    Depois da derrota da França para a Prússia, terrível vergonha nacional, os sentimentos antialemães e a mentalidade revanchista nunca estiveram tão fortes entre a população. Para Gustave Eiffel, que trabalhava especialmente para as ferrovias de seu país, foi insuportável ver seu comprometimento com a França questionado. Ele prestou queixa por difamação, Petitgirard foi condenado a dois meses de prisão e uma multa de cem francos, e o tribunal declarou falsos todos os fatos alegados.

Abalado por todo esse incidente, ele desabafou com o pai em uma carta datada de 7 de março de 1877, na qual compartilhou sua decisão de "fazer imediatamente o pedido de mudança de nome e suprimir esse nome composto. Vou pedir, para mim e meus filhos, para sermos chamados simplesmente de Eiffel".

O processo foi aberto. Em 1º de abril de 1879, o Conselho de Estado emitiu um parecer favorável. E o tribunal de Dijon lhe permitiu a alteração de seus documentos de identidade por meio de uma sentença emitida em 15 de dezembro de 1880. Era o dia de seus 48 anos. Gustave Eiffel resolveu a situação eliminando o nome alemão Bönickhausen.

Oito anos antes do início das obras da torre que ele construiria para o centenário da Revolução Francesa em Paris, a ambiguidade foi definitivamente resolvida. Tesouro da Exposição Universal de 1889, a torre seria chamada Eiffel porque Gustave conseguiu magistralmente impor essa ideia à República triunfante, que certamente não teria aceitado o nome Bönickhausen para esse monumento eminente e simbólico.

Até sua morte, em 1923, Gustave Eiffel carregou orgulhosamente o nome associado à torre, que por mais de quarenta anos foi a mais alta do mundo (superada em 1931 pelos arranha-céus americanos). Por uma cruel ironia do destino, porém, o nome Eiffel perdurou com dificuldade até os dias de hoje.

Os dois filhos de Gustave Eiffel, Albert e Édouard, não tinham interesse em perpetuar a herança paterna. Talvez oprimidos pela personalidade desse patriarca de sucesso excepcional, eles não seguiram seus passos e não se tornaram engenheiros como ele. Depois de estudar agronomia, Albert (1873-1941) se refugiou na pintura, onde não se destacou. Tanto que, durante a Primeira Guerra Mundial, esse filho discreto conseguiu, por intermédio do pai, ser incorporado a uma equipe que realizava pinturas de camuflagem militar... Édouard (1865-1933), por sua vez, que se tornou viticultor na região de Bordeaux, continuou a depender financeiramente do pai, que regularmente salvava o empreendimento deficitário.

Como Albert morreu sem descendentes e Édouard teve apenas um filho, Jacques, que morreu sem deixar filhos, o nome Eiffel deveria ter desaparecido. Coube às filhas Eiffel saber transmitir o nome do pai. Claire, filha mais velha de Gustave, que substituíra a mãe, falecida muito jovem (em 1877), se impôs como a líder do clã depois da morte do adorado pai. Seus descendentes retomaram o nome Eiffel na terceira geração, com o consentimento do Conselho de Estado. O mesmo aconteceu com os netos de Marguerite Eiffel (filha de Édouard) e os bisnetos de Valentine Eiffel (filha caçula de Gustave).

Hoje, portanto, a família Eiffel conseguiu manter a vigência do glorioso nome. E alguns descendentes se manifestaram nos últimos anos para manter viva a chama de Gustave

Eiffel, através de um filme e de um álbum de lembranças. Virginie Coupérie-Eiffel, descendente de Valentine Eiffel e ex-esposa do cantor Julien Clerc, produziu um documentário de televisão sobre a obra do trisavô, enquanto seu irmão Philippe escreveu um livro intitulado *Eiffel par Eiffel*, no qual revelou que a família registrou o nome Eiffel como marca comercial.

No fim das contas, a Torre continua sendo a melhor garantia de eternidade para esse sobrenome com origens em um planalto arborizado não muito longe do Reno, que poderia ser considerado as Ardenas alemãs. Isso em uma época, o final do século XVII, em que as fronteiras ainda eram suficientemente indistintas para que os moradores locais pudessem atravessar facilmente de uma margem para outra. Como fez Leo Heinrich Bönickhausen.

4

Um antigo revolucionário impôs a Torre?

Édouard Lockroy era um desses homens de convicções, radicais, que sabem empregar toda a sua energia, suas habilidades e os recursos que seu cargo público lhes concede para defender até o fim ideias às vezes minoritárias, não consensuais, mas ideias novas e duradouras, que se tornam evidentes. A torre Eiffel é um exemplo formidável disso! [...] Ele faz parte da "grande família daqueles que, cada um à sua maneira, permitiram que esta torre de trezentos metros tivesse o fabuloso destino que hoje a torna o símbolo de Paris".

JEAN-BERNARD BROS, ex-presidente da Société d'Exploitation de la Tour Eiffel.

A torre Eiffel não teria sido o destaque da Exposição Universal de 1889 sem os conhecimentos, o poder de influência, o entusiasmo e a obstinação de um político surpreendente, que caiu no esquecimento nos dias de hoje: Édouard Lockroy (1840-1913). Nascido Édouard-Étienne-Auguste Simon, ele adotou o pseudônimo do pai, Joseph Philippe Simon, chamado Lockroy, dramaturgo e ator, intérprete de Alexandre Dumas e Victor Hugo.

Opositor político durante o Segundo Império, revolucionário de alma, convertido ao realismo e ao pragmatismo pelos radicais, dos quais foi uma das figuras de proa no início da Terceira República, Édouard Lockroy foi ministro várias vezes. Sua história, na forma de um apelo à reabilitação de sua pessoa, é retraçada com muita vivacidade e elegância pelo escritor Pascal Laîné no livro *Édouard Lockroy, l'oublié de la tour Eiffel*.

Édouard Lockroy se destacou primeiramente por uma juventude aventureira, como um Gavroche,* em uma época de rebeliões e batalhas épicas. Depois de seus estudos artísticos, aos vinte anos ele foi recrutado por Alexandre Dumas (1802-1870), graças a seu pai, que já trabalhava para ele. Sua tarefa era pintar, desenhar e também fotografar os lugares que o grande autor visitaria ao longo de um grande périplo pelo Mediterrâneo, que o levaria à Grécia e depois ao Oriente. Era moda entre pintores e escritores viajar para descobrir as fontes da civilização europeia.

No entanto, assim que Lockroy embarcou com Dumas, em 1860, Giuseppe Garibaldi (1807-1882), um dos "pais da Itália", iniciou sua campanha militar para a unificação do país. Dumas achou mais divertido tentar se juntar a Garibaldi na Península. Assim, desembarcou com Lockroy na Sicília, em Palermo, onde eles se depararam com o "exército dos Camisas Vermelhas". Juntando-se a um dos tenentes de Garibaldi, o jovem testemunhou uma "guerra de libertação" que o marcaria por toda a vida. A seguir, enquanto seguia com Alexandre Dumas em direção a Beirute, Lockroy foi

---

* Personagem de *Os miseráveis*, de Victor Hugo, Gavroche se tornou sinônimo de coragem, inteligência e espírito destemido. (N.T.)

deixado na ilha de Malta depois de uma discussão com o capitão do veleiro. Lá, no porto de La Valette, usou suas conexões em Paris para encontrar trabalho como desenhista em uma revista e, finalmente, conseguir lugar em um cargueiro e embarcar para o Líbano.

Nesse país, ele foi informado por um telegrama de seu editor parisiense que o filósofo e historiador Ernest Renan procurava um colaborador para ajudá-lo em trabalhos arqueológicos ("Escave a antiga Fenícia, não se sabe o que esta terra esconde!"). Ele se tornou seu secretário, fez desenhos e fotografias em seu nome, percorrendo o país por longos meses.

Ao voltar para Paris, três anos depois, Lockroy escreveu para Renan notas destinadas a uma de suas principais obras, *Vida de Jesus*. Apaixonado por política, o jovem Édouard se destacou nos círculos intelectuais. Tomando o partido da República, ele se engajou na luta política, tornou-se jornalista e publicou vários panfletos antinapoleônicos que lhe renderam várias temporadas na prisão. Em 1869, ele começou a colaborar com o jornal *Le Rappel*, fundado por Charles e François-Victor Hugo, os dois filhos do escritor, e um certo Auguste Vacquerie, cujo irmão Charles se casaria com Léopoldine, a filha adorada do Mestre.

Nesses anos, Édouard Lockroy frequentava outro personagem que teria uma influência decisiva sobre sua pessoa: Prosper Enfantin (1796-1864), um dos líderes do movimento utópico saint-simoniano, defensor de uma sociedade fraternal em que engenheiros, banqueiros e cientistas gerenciariam o país para o interesse de todos.

Durante o cerco de Paris (setembro de 1870 - janeiro de 1871) pelas forças prussianas, Lockroy recebeu o comando de um batalhão. Eleito pela extrema-esquerda para a Assembleia Nacional em fevereiro de 1871, ele se posicionou sem hesitar ao lado da Comuna de Paris (10 de março - 28 de maio). Seu envolvimento e sua participação em confrontos em Vanves lhe valeram duas breves passagens pela prisão, em Versalhes e Chartres. Ele saiu mais determinado do que nunca e foi eleito para o conselho municipal de Paris em julho, em uma lista de republicanos radicais.

Seguindo a carreira política, ele se tornou deputado pelo departamento de Bouches-du-Rhône e depois por Paris (1881). Ao lado do amigo Georges Clemenceau, Lockroy defendeu o princípio de anistia total para os membros da Comuna. Imperceptivelmente, porém, ele passou de um radicalismo de oposição a um radicalismo de governo. E se tornou uma figura importante, como provam seus sucessivos cargos: ministro do Comércio e da Indústria (1886-1887), da Instrução Pública e das Belas Artes (1888-1889) e, por duas vezes, da Marinha (1895-1896 e 1898-1899), exercendo também, entre dois cargos, a função de vice-presidente da Câmara dos Deputados (1894-1895).

Seu encontro decisivo com Gustave Eiffel ocorreu quando ele era deputado pelo departamento do Sena. Foi no dia 29 de outubro de 1884, no ateliê do escultor Auguste Bartholdi, onde ele fora conhecer a Estátua da Liberdade que partiria para Nova York. Lockroy acompanhava Victor Hugo. Ele se tornara íntimo do grande escritor desde que se casara com sua nora, Alice, viúva de seu filho Charles, com quem colaborara no jornal de oposição ao Segundo Império, *Le Rappel*. Tornando-se o padrasto dos dois netos de Victor Hugo, ele cuidava de sua educação e frequentava assiduamente o autor de *Os castigos*. Gustave Eiffel estava no ateliê de Bartholdi na qualidade de supervisor da gigantesca estrutura de ferro concebida por suas equipes para manter a estátua no solo.

Em 1886, Lockroy se tornou ministro do Comércio, por recomendação expressa de Clemenceau. Nesse cargo, ele foi encarregado dos preparativos para a Exposição Universal de 1889, destinada a celebrar os cem anos da Revolução Francesa. Trabalhou então em estreita colaboração com Eiffel, para impor a construção da torre mais alta do mundo. Republicano desde a primeira hora, Lockroy percebeu imediatamente o formidável impacto político que esse projeto descomunal poderia ter: uma torre de mil pés de altura! Ele se tornou seu arauto, convencido de que ela faria o sucesso do evento lançado pelo presidente da República Jules Grévy e pelo primeiro-ministro Charles de Freycinet.

Com 48 anos à época, Lockroy defendeu esse projeto quimérico com unhas e dentes, fazendo de tudo para fazê-lo avançar rapidamente, enfrentando múltiplas batalhas até conseguir impô-lo ao país, contra tudo e todos.

Pois não faltaram opositores. E eles eram virulentos: membros do Conselho Municipal de Paris; parlamentares; parisienses ligados ao patrimônio da capital e contrários à intrusão violenta de um monstro de ferro na paisagem diária; círculos artísticos, com Alexandre Dumas (com quem Lockroy brigou) e Guy de Maupassant na liderança.

Durante três anos, Lockroy e Eiffel percorreram uma verdadeira corrida de obstáculos. Em 1º de maio de 1886, como ministro do Comércio, Lockroy assinou um decreto regulamentando as condições do concurso para a futura torre da Exposição Universal, planejada para o Champ-de-Mars. Ao publicar essa chamada pública de maneira formal, ele se eximiu de qualquer suspeita de favoritismo. Na prática, porém, ele havia passado vários meses com Gustave Eiffel e seus engenheiros, que o convenceram da viabilidade do projeto. Seduzido, ele se apropriou daquele projeto futurista. De tal forma que, na denominação do concurso, Lockroy repetiu as especificações sugeridas pela empresa de Gustave Eiffel: uma base quadrada de 125 metros de lado e uma altura de trezentos metros...

Os prazos de resposta foram particularmente curtos: cerca de quinze dias, entre 3 de maio e 18 de maio. Mesmo assim, 170 projetos foram apresentados. Sem surpresa, as oficinas Eiffel venceram com facilidade. Esse foi apenas o começo. Era preciso definir as condições de construção da Torre. Gustave Eiffel e Édouard Lockroy elaboraram um arranjo jurídico e financeiro tão engenhoso quanto inovador. Eiffel arcaria com o custo da construção, estimado em cerca de 8 milhões de francos (o equivalente a 24 milhões de euros hoje). Em troca, ele a exploraria por vinte anos, e o preço dos ingressos dos visitantes garantiria o reembolso de seu investimento. Portanto, uma empresa privada assumia os riscos e se remunerava com os direitos de entrada. Enquanto isso, os poderes públicos pagariam um subsídio de 1,5 milhão de francos (6 milhões de euros atuais). A cidade de Paris cederia gratuitamente o terreno do Champ-de-Mars ao construtor e se tornaria proprietária da futura torre: não teria que gastar um centavo, portanto. O acordo foi assinado em 8 de janeiro de 1887. Édouard Lockroy manobrou com habilidade, fazendo um empreiteiro privado construir uma estrutura impossível de ser financiada pelo contribuinte francês.

Vinte dias depois, os trabalhos de construção começaram. No entanto, a realização das fundações revelou-se perigosa. As equipes de Eiffel estavam acostumadas a ambientes pantanosos em torno de pontes que atravessavam grandes rios. Mas suas soluções preocupavam os trabalhadores da obra – eles não se afogariam ou sufocariam? –, os moradores locais e a imprensa. Quando a área ficou inundada, foram utilizados compartimentos de ar comprimido para escavar o mais fundo possível. Esse método já havia sido usado na construção, entre 1858 e 1860, da ponte sobre o Garonne, em Bordeaux: a passarela Eiffel, também conhecida como passarela Saint-Jean. Mas fazer não é (quase) nada se não se souber comunicar, e de maneira convincente.

Gustave Eiffel organizou, em 1º de março de 1887, uma visita da imprensa à escavação dessas fundações, tão comentadas. Para tranquilizar a todos, o ministro Édouard Lockroy não hesitou em descer com suas melhores roupas em um dos compartimentos. Os observadores elogiaram sua coragem e determinação. Ele continuou apoiando ativamente Eiffel, contra todas as adversidades.

Depois da crise causada pelo general Boulanger – que Lockroy havia apoiado no início de sua carreira política – e depois do escândalo do Panamá, essa figura da ala radical se apaixonou pela Marinha e pela política naval do país. Ele morreu em 1913, depois de ter votado pela separação das Igrejas e do Estado em 1905, uma de suas últimas grandes causas.

Injustamente, o futuro não guardou seu nome. Exceto em uma pequena rua do 11º arrondissement de Paris, paralela à Rue Parmentier, outro precursor...

5
A Dama de Ferro teve um arquiteto oculto?

> *A Torre é "perigosa": suponhamos que tenha sido perfeitamente estudada, e mesmo adornada com o sopro artístico que lhe falta, ela esmagará tudo a seu redor e correrá o risco de estragar a silhueta de Paris, tão bonita com o domo dos Invalides ao fundo [...] Passaremos uma elevada impressão de nossa razão gastando dinheiro e fazendo esforços inauditos por uma inutilidade?*
>
> LÉOPOLD HARDY, arquiteto,
> Revue de l'architecture et des travaux publics (1886).

> *A Torre é um andaime "talvez muito engenhoso, mas sem nenhum gesto arquitetônico".*
>
> PAUL-AMÉDÉE PLANAT (1839-1911), engenheiro da Escola Central, La Construction Moderne.

Saída diretamente da mente de engenheiros, a torre Eiffel rompe radicalmente com a arquitetura de seu tempo. Mas isso não significa que ela não deva nada às reflexões e à experiência de um arquiteto: Stephen Sauvestre (1847-1919), responsável pelo departamento de arquitetura da empresa de construção metálica de Gustave Eiffel.

Sauvestre não foi o idealizador da Torre: a ideia de uma estrutura de trezentos metros de altura, inteiramente de ferro, não veio dele, mas de seu jovem colega, o engenheiro franco-suíço Maurice Koechlin (1856-1946), encarregado do departamento de projetos na Eiffel. Para atender ao pedido de seu chefe e criar um projeto espetacular para a Exposição Universal de 1889 em Paris, Koechlin imaginou a elevação vertical de um pilar similar às pontes construídas pela empresa. Ele desenhou um esboço bastante preciso em 6 de junho de 1884, que não agradou a Eiffel. Mas com a ajuda de outro engenheiro-chefe, Émile Nouguier, que dirigia o departamento de montagens, Koechlin corrigiu e melhorou seu primeiro rascunho. Conscientes de suas limitações, eles recorreram a Stephen Sauvestre para ouvir sua opinião e discutir com ele as modificações a serem feitas ao pilar de cinco andares ainda desprovido de adornos.

Aluno brilhante, Sauvestre foi o melhor classificado da primeira turma da Escola Especial de Arquitetura, em 1868. A instituição havia sido criada três anos antes por iniciativa de personalidades próximas ao movimento saint-simoniano, que eram seus acionistas: Émile Boutmy, Michel Chevalier, Ferdinand de Lesseps, Eugène Flachat, Émile de Girardin, Adolphe Crémieux, Émile Péreire, Léon Say, Etienne-Jules Marey... Contemporânea da Escola Prática de Altos Estudos e da Escola Livre de Ciências Políticas, essa escola rompeu com o monopólio da Academia de Belas-Artes.

Em 1875, Sauvestre começou a colaborar com Gustave Eiffel. A primeira realização dos dois foi o pavilhão da Companhia Parisiense de Gás, apresentado na Exposição Universal de 1878. Sauvestre, que já havia realizado construções tradicionais, aprimorou a estética da Torre, dando-lhe uma aparência menos áspera, mais trabalhada, modificando-a profundamente, de alto a baixo.

Ele reduziu o número de andares de cinco para três, transformou a terceira plataforma em uma verdadeira base onde se pode apreciar a vista panorâmica, e desenhou um campanário no topo. Além disso, instalou a segunda plataforma na junção dos pilares, conferindo mais coesão ao conjunto, e posicionou a grande plataforma do primeiro andar na metade da altura da segunda plataforma, embelezando-a. Acima de tudo, ele desenhou grandes arcos que reforçaram a solidez da Torre, modificou os pés para torná-los mais curvados e fez com que partissem de pedestais de alvenaria.

Ao todo, ele deu à Torre a forma final que conhecemos hoje, com poucas diferenças. Foi seu o projeto que Gustave Eiffel apresentou, em 27 de setembro de 1884, no Palácio da Indústria, durante a Exposição Anual de Artes Decorativas. Em 12 de junho de 1886, a torre de Stephen Sauvestre e Gustave Eiffel foi escolhida pela comissão encarregada da Exposição Universal de 1889, ao final do concurso lançado pelo poder público.

O trabalho do arquiteto, que permaneceu um pouco na sombra, não foi nem um pouco apreciado por seus pares. Pior ainda, Sauvestre e Eiffel foram violentamente criticados pelo meio arquitetônico parisiense. O arquiteto Léopold Hardy, que foi o responsável arquitetônico das Exposições Universais de 1867 e 1878, escreveu em *La Revue de l'architecture et des travaux publics* (1886) que a Torre era "perigosa: suponhamos que tenha sido perfeitamente estudada, e mesmo adornada com o sopro artístico que lhe falta, ela esmagará tudo a seu redor e correrá o risco de estragar a silhueta de Paris, tão bonita com o domo dos Invalides ao fundo". Pérfido, ele finge se perguntar: "Passaremos uma elevada impressão de nossa razão gastando dinheiro e fazendo esforços inauditos por uma inutilidade?". A resposta está na pergunta.

Na revista que fundou, *La Construction Moderne*, o engenheiro da Escola Central (como Eiffel) Paul-Amédée Planat (1839-1911) viu na Torre um andaime "talvez muito engenhoso, mas sem nenhum gesto arquitetônico". A contestação chega ao paroxismo em 14 de fevereiro de 1887, com o "Protesto dos artistas" publicado no jornal *Le Temps*. Assinado por escritores (François Coppée, Alexandre Dumas filho, Leconte de Lisle, Guy de Maupassant, Sully-Prudhomme, Édouard Pailleron, Victorien Sardou) e pelo arquiteto Charles Garnier, ganhador do Grande Prêmio de Roma e criador da Ópera de Paris (que hoje leva seu nome), ele denunciava a "inútil e monstruosa torre Eiffel", descrevia a odiada construção como "vertiginosamente ridícula, dominando Paris como uma negra e gigantesca chaminé de fábrica, esmagando com sua massa bárbara a catedral de Notre-Dame, a Sainte-Chapelle, a torre Saint-Jacques, o Louvre, o domo dos Invalides, o Arco do Triunfo, humilhando todos os nossos monumentos, diminuindo todas as nossas arquiteturas, que desaparecerão nesse sonho entorpecedor".

Além disso, acrescentavam esses artistas: "Por vinte anos (esta é a duração da concessão prevista para a Torre, que então deveria ser desmontada), veremos se estender sobre toda a cidade, ainda palpitante com o gênio de tantos séculos, veremos se estender, como uma mancha de tinta, a sombra da odiosa coluna de ferro parafusada".

Gustave Eiffel respondeu no mesmo jornal: "A Torre será a construção mais alta que os homens jamais erigiram. Não será grandiosa à sua maneira? E por que o que é admirável no Egito se tornaria feio e ridículo em Paris? Procuro uma resposta e, confesso, não encontro. Uma das ideias mais errôneas, aliás, embora uma das mais difundidas, mesmo entre os artistas, é a que consiste em acreditar que uma construção alta esmaga as construções circundantes".

Depois de tamanha onda de protestos, poderíamos temer que Gustave Eiffel e seu arquiteto Stephen Sauvestre nunca mais se recuperariam. Mas aconteceu justamente o contrário. Uma vez concluída, depois de uma construção realizada segundo todas as regras da arte e com perfeita maestria do canteiro de obras, a torre Eiffel conquistou imediatamente a aprovação de toda a imprensa francesa e a adesão do grande público, que acorreu em massa para visitá-la.

Entre os artistas, alguns dos signatários da petição mudaram de opinião. Foi o caso do compositor Charles Gounod: ao visitar a Torre, ele se sentou a uma mesa do restaurante Chez Brébant, em 10 de setembro de 1889. Reconhecido por Gustave Eiffel, este o convidou para se juntar a seus comensais. Em troca, o músico se sentou ao piano e improvisou até tarde da noite.

O ano de 1889 foi de consagração para Gustave Eiffel, mas também para Sauvestre, que foi nomeado arquiteto-chefe das colônias, então em plena expansão. Nesse papel, ele projetou o Palácio Central das Colônias, principal edifício da Exposição Colonial (na esplanada dos Invalides), que lhe valeu a Legião de Honra. Paralelamente, ele concebeu, aos pés da torre Eiffel, o pavilhão da Nicarágua, com o apoio da família de chocolateiros Menier, proprietária de várias plantações de cacau no país. Ao fim da vida, em 1906, Sauvestre criaria a nova fábrica de chocolates Menier, conhecida como "a Catedral". Esse edifício monumental em tijolos vermelhos está ligado por uma bela passarela (sobre o rio Marne) aos ateliês da fábrica, em Noisiel (Seine-et-Marne).

Arquiteto controverso e pouco reconhecido da torre Eiffel, Stephen Sauvestre, que em 1889 tinha uma densa barba cinzenta e uma espessa cabeleira branca (embora tivesse apenas 42 anos), assinou ao longo de sua brilhante carreira uma série de palacetes em Paris (nas ruas de Prony, Ampère, Alphonse-de-Neuville), bem como edifícios prestigiosos na província: castelos, mansões, hotéis e vilas.

Metade de suas quarenta construções ainda existe. Em contrapartida, um projeto para a Exposição Universal de 1900 ficou no papel: a adição de duas torres laterais à "sua" torre Eiffel. As estruturas, dotadas de campanários, se conectariam ao segundo andar por passarelas... A ideia era ousada, mas foi rejeitada. Como todos os projetos que poderiam descaracterizar a silhueta mundialmente famosa da Dama de Ferro.

Porque, depois de Stephen Sauvestre, muitos arquitetos se divertiram pensando em transformá-la. Em 1934, seguindo a ideia de Sauvestre, André Basdevant propôs a construção de duas rampas helicoidais de concreto, colocadas de cada lado da Torre para permitir que carros chegassem ao restaurante do segundo andar.

Outro projeto revolucionário, do grupo de engenharia Ginger, foi revelado pela imprensa em dezembro de 2011: transformar a Dama de Ferro em uma torre verde, cobrindo-a com 600 mil plantas. Valor a ser desembolsado para tornar a Torre o símbolo da ecologia mundial: 72 milhões de euros.

Esses estudos, às vezes muito elaborados, nunca saíram do papel. Não se brinca com a Torre. André Malraux, aliás, quando ministro da Cultura do general de Gaulle, fez com que ela fosse registrada, em 24 de junho de 1964, no Inventário Suplementar dos Monumentos Históricos. Assim, quando chegou o momento, cinquenta anos depois, de reestruturar o primeiro andar, os pré-requisitos se tornaram particularmente complexos para a agência de arquitetura Moatti-Rivières, encarregada dessa renovação de prestígio. Em 2014, esses arquitetos equiparam esse nível com um espetacular piso de vidro (proporcionando uma vista vertiginosa do solo, situado 57 metros abaixo), novos pavilhões mais ecológicos e um percurso museográfico renovado.

No outono de 2017, o Conselho de Paris decidiu iniciar um grande projeto de modernização e segurança da Torre, visando os Jogos Olímpicos de 2024, sediados na capital. A primeira etapa se voltou à prevenção de ataques terroristas. Um enorme muro de vidro à prova de balas, com 3 metros de altura e custo de 30 milhões de euros, foi concluído em 2018 dos dois lados da esplanada da Torre, a fim de prevenir um possível ataque de veículos vindos da ponte do Trocadéro. A segunda etapa envolvia a recepção e a movimentação do público. Um grande concurso internacional foi lançado para conceber rotas de acesso à Torre a partir das estações adjacentes de metrô (Bir-Hakeim, Trocadéro e École Militaire) e RER (Champ-de-Mars). Esse concurso faz parte de um amplo plano de renovação que deve se estender até 2032 e engloba o segundo andar, prevendo a substituição de um dos elevadores, a vigésima campanha de pintura, assim como a renovação das luzes noturnas, que datam do ano 2000.

Para o quarto monumento mais visitado da capital (depois da Notre-Dame, do Sacré-Cœur e do Louvre), que atrai entre 6 e 7 milhões de visitantes por ano, mais do que nunca é preciso seguir brilhando.

6
Gustave Eiffel foi um bom gestor?

> *Ele é um gestor que confia tanto nos fatos e na análise objetiva quanto nas capacidades criativas de cada um, a começar pelas de sua equipe [...] Ele está constantemente disposto a se questionar e inovar, seu principal impulso é enfrentar os desafios mais improváveis.*
>
> ANNE VERMÈS, professora no IEP de Paris, autora de *Piloter un projet comme Gustave Eiffel*.

O que impressiona em Gustave Eiffel (1832-1923) é sua modernidade. O engenheiro demonstrou habilidades e competências de "gestor" muito avançadas para a época, a ponto de alguns acadêmicos hoje apontarem sua gestão como um modelo do gênero. Não apenas o ex-aluno da Escola Central se destacou em uma indústria de ponta, a construção metálica, como também demonstrou incríveis habilidades de liderança, gestão e comunicação.

Personagem carismático dotado de visão, ele sabia trabalhar em equipe, reunir colaboradores em torno de grandes projetos, cercar-se das competências certas e inspirar confiança. Além disso, esse audacioso empreendedor foi um precursor, um lobista antes de seu tempo e acima de tudo um inovador, tanto no âmbito das tecnologias implementadas quanto no aspecto comercial, onde exibiu um forte senso de marketing.

Em suma, no mundo da nova indústria, especialmente no da metalurgia e das obras públicas do final do século XIX, Gustave Eiffel se revelou um excelente dirigente de empresa.

Por outro lado, não seria correto atribuir-lhe qualidades que ele não possuía. Ele não era um gênio da criação, nem um grande inventor. Assim como Bill Gates não concebeu pessoalmente softwares revolucionários, limitando-se – com grande talento – a ser seu promotor e vendedor.

Portanto, ao contrário de uma crença generalizada, Gustave Eiffel não teve a ideia da torre que leva seu nome; em contrapartida, soube torná-la possível. Ele convenceu os poderes públicos e, mais importante ainda, construiu-a em dois anos, entre 1887 e 1889, em condições de segurança e velocidade exemplares.

No plano da gestão, hoje se fala em um método Eiffel, certamente não escrito, ainda não teorizado, mas absolutamente comprovado, constituído de maneira pragmática, ano após ano, ao longo de projetos espalhados pela França e pelo mundo todo. É isso que Anne Vermès, professora da Sciences Po, demonstra ao analisar a gestão de Eiffel no livro *Piloter un projet comme Gustave Eiffel* [Pilotar um projeto como Gustave Eiffel].

Inicialmente, Gustave Eiffel se dedicou à construção de pontes. Aos 26 anos, ele foi encarregado do projeto da ponte ferroviária sobre o rio Garonne. A condução das obras foi admirada por todos. Nove anos depois, dono do próprio negócio, G. Eiffel & Cie, ele obteve sua primeira grande encomenda: as pontes sobre o Sioule, um rio localizado no norte do Maciço Central.

A partir de 1867, ele acumulou uma série de contratos, não apenas para construir pontes ferroviárias, sua especialidade, mas também para obras mais artísticas, como os dois pavilhões para a Exposição Universal de 1878, ou complexas estruturas de ferro, como as instaladas dentro das lojas de departamento Le Bon Marché, na margem esquerda de Paris.

Com a própria empresa desde 1866, ele utilizou todo o talento de lobista para vender seus serviços aos dirigentes econômicos e políticos. Ele sabia ser persuasivo sobre as novas tecnologias a serem utilizadas e não tinha medo de desafios: nenhuma obra o assustava. Seus engenheiros e companheiros realizaram feitos técnicos impressionantes e não hesitaram em se aventurar não apenas no sul e leste da Europa, como também na América Latina e na Ásia. Depois da derrota para a Prússia, nos anos 1870-1880, poucos empresários franceses estavam dispostos a enfrentar tais desafios. Os políticos logo aprenderam a conhecê-lo e admirá-lo, como o ministro do Comércio e da Indústria, Édouard Lockroy, através de seu sogro, o grande Victor Hugo, ou como os círculos maçônicos nos quais Eiffel se movia como peixe na água.

Além disso, ele tinha um bom julgamento sobre as pessoas e demonstrava sabedoria em suas escolhas de colaboradores. Em 1876, por exemplo, ele contratou um certo Jean Compagnon. Outros industriais teriam desconfiado desse antigo apoiador da Comuna. Para Eiffel, no entanto, o essencial era que esse filho de operário, natural do Ain, havia feito seu aprendizado com os Compagnons du Devoir e depois havia trabalhado para diferentes empreiteiros de estruturas metálicas, tendo participado da construção de projetos difíceis, como a linha de trem de Varsóvia.

Depois de testá-lo em Portugal na ponte do Douro, Eiffel promoveu Compagnon a chefe de serviço. Ele o encarregou de dirigir as operações das delicadas fundações da Torre, e depois a montagem de sua estrutura metálica. Em recompensa pelos serviços prestados, Jean Compagnon foi feito cavaleiro da Legião de Honra em 6 de maio de 1889, algumas semanas depois da inauguração da torre Eiffel, em 31 de março.

Seguindo um roteiro análogo, Gustave Eiffel se cercou de dois engenheiros excepcionais, Maurice Koechlin e Émile Nouguier, para trabalhar nos grandes projetos que saíam de seus escritórios. Foram eles que conceberam o pilar de trezentos metros de altura, apresentado em 6 de maio de 1884 com vistas à Exposição Universal de 1889.

Nascido em 1856 na Alsácia, em Bühl, Maurice Koechlin estudou engenharia civil em Zurique. Aluno brilhante, teve aulas com Karl Culmann (1821-1881), teórico da resistência dos materiais e especialista em cálculo estrutural que dizia que "o desenho é a linguagem do engenheiro". Encantado por esse jovem promissor e com boa formação, Gustave Eiffel o nomeou, com apenas 23 anos, chefe do departamento de projetos de sua empresa. Koechlin passaria toda a sua carreira lá.

Antes de conceber a Torre, Koechlin, apelidado de "o homem dos cálculos", participou da concepção do viaduto de Garabit (Cantal) e da estrutura da Estátua da Liberdade que seria erguida em Nova York.

Quando Koechlin e Nouguier apresentaram a Eiffel sua ideia revolucionária, em 1884, este se mostrou cético. Depois de algumas semanas de reflexão, ele aceitou o desafio e, melhor ainda, associou-se a eles para a patente da invenção, já em setembro daquele ano. Em dezembro, Eiffel comprou as partes dos dois engenheiros. Koechlin e Nouguier ficaram satisfeitos: os dois receberiam juntos 2% do custo total da operação depois de terminada, ou seja, 160 mil francos (de um total de 8 milhões).

A propriedade intelectual da Torre pertencia então a Gustave Eiffel. Ela se tornou *sua*. Tanto que ele decidiu financiá-la através da constituição de uma sociedade anônima, na qual ele fornecia metade do capital, enquanto o restante era dividido entre investidores. O custo estimado inicial para a construção foi de 6,5 milhões de francos da época, equivalentes hoje a 26 milhões de euros. Depois disso, Eiffel adquiriu o direito de dar seu nome à torre do Champ-de-Mars, que pertencia à cidade de Paris, mas que se tornaria, *ipso facto*, "*sua* torre". Hoje, fala-se em "*branding*" ou "*naming*", a prática de dar o nome de uma marca comercial a instalações públicas, como estádios esportivos ou casas de espetáculo.

Gustave Eiffel mais uma vez foi um precursor, concebendo a estrutura financeira de todo o investimento, que associava um construtor privado aos poderes públicos em uma parceria de novo tipo. Os custos de construção (6,5 milhões de francos) eram de responsabilidade de Eiffel, com uma subvenção pública de 1,5 milhão de francos. Em contrapartida, ele seria reembolsado pelo preço dos ingressos pagos pelos visitantes. Uma aposta audaciosa, que foi um sucesso de 2 milhões de ingressos registrados apenas no ano de 1889.

No entanto, seu risco era bem calculado e também se manifestou na escolha do material da estrutura metálica: ferro "pudlado". Esse era um processo industrial (do inglês "*to puddle*", misturar) que consistia em mexer a massa de ferro líquido durante a segunda fusão, com longas barras. Dessa forma, o silício, o manganês e o fósforo presentes na massa em fusão eram oxidados e o carbono queimado. Essa técnica conferia ao ferro "pudlado" duas características valiosas: flexibilidade para resistir a ventos fortes e rigidez para garantir a estabilidade das vigas.

A empresa Forges et Laminoirs de Pompey, na Lorena, é que fornecia esse tipo especial de ferro para as oficinas de Eiffel, onde os "raspadores" recebiam as barras, as perfuravam, limavam e montavam no plano, duas a duas, verificando se cada uma poderia ser rebitada sem ajustes. Gustave Eiffel não optou pelo aço porque este era muito mais caro que o ferro, mas principalmente porque temia vibrações que não pudesse controlar.

O rigor de sua análise também se manifestou na organização do trabalho nas oficinas de Levallois-Perret ou no canteiro de obras no Champ-de-Mars. Em ambos os casos, equipes autônomas eram responsáveis pelo produto final. Os engenheiros realizavam um estudo completo dos suportes e peças a serem feitas, com o máximo de precisão, e depois passavam à preparação de cada elemento a ser montado e à concepção da construção, detalhando-a nos mínimos detalhes. A título de exemplo, foram contabilizados 1.800 esboços preparatórios e 36 mil desenhos da Torre.

A preocupação com a qualidade e as exigências no local eram as mesmas. Cada montador trabalhava com um cabo de segurança preso ao andaime. Cada um dos pés da Torre estava sob a responsabilidade de um líder de equipe, responsável pela segurança e qualidade da montagem. Compostas por diferentes profissionais, as equipes eram autônomas. Toda essa complexa organização produziu resultados impressionantes. Na Torre, cada rebite era colocado em menos de um minuto – sendo que havia 12 mil peças para serem montadas, que exigiam a colocação de 2,5 milhões de rebites e a abertura de 7 milhões de furos.

Que contraste com outra grande realização similar, a construção da ponte Forth na Inglaterra! A construção da ponte mais longa do mundo, em 1888, chegou ao fim com uma centena de quedas e acidentes fatais para os 4 mil trabalhadores presentes. Enquanto isso, na Torre, não houve nenhuma morte entre os 250 trabalhadores, número máximo no canteiro de obras durante o auge da atividade.

Gustave Eiffel não foi apenas um supervisor competente desses engenheiros e técnicos, ele enfrentou corajosamente os problemas sociais. Em 22 de setembro de 1888, os operários entraram em greve no início da construção do segundo andar. O canteiro de obras parou por três dias. Gustave Eiffel concedeu um aumento de cinco centavos por hora, uma quantia considerável, visto que os carpinteiros recebiam 95 centavos por hora. E ele teve a habilidade de torná-lo retroativo ao dia 1º de agosto, início de um verão escaldante. Em dezembro de 1888, foi o frio intenso que tornou o trabalho muito penoso. Como não tinha muita margem financeira, Gustave Eiffel propôs um bônus de cem francos, equivalente a um mês de salário, para todos os montadores que trabalhassem até a conclusão da obra.

Esse empresário exemplar também possuía um talento adicional, pouco reconhecido em seu tempo: o gosto pela comunicação. Gustave Eiffel não se contentava em fazer, o que por si só já era muito, ele fazia os outros saberem. Desde o início, ele envolveu a imprensa em sua aventura. Recebia jornalistas no escritório, mostrava-lhes plantas e maquetes. Em seguida, os levava a visitar o canteiro de obras, desde as fundações até a construção da estrutura metálica. Apresentava-lhes Jean Compagnon, pressentindo o interesse que uma figura como aquela poderia despertar. Em maio de 1888, ele não hesitou em convocar os diretores de jornais para a inauguração do primeiro andar, e ofereceu um almoço a 57 metros de altura. Além disso, colocou à sua direita o presidente do sindicato da imprensa, Adrien Hébrard, diretor do jornal *Le Temps*, muito crítico em relação ao projeto. Sucesso garantido.

Durante a inauguração da Torre, Eiffel deu um grande passo na direção de "transformá-la em acontecimento", permitindo que o *Le Figaro* instalasse uma pequena gráfica no segundo andar para produzir um pequeno jornal. Assim, uma edição especial de quatro páginas foi impressa diariamente, de 15 de maio a 1º de outubro de 1889, trazendo as últimas novidades sobre a torre Eiffel.

E, assim como foi fascinado pela capacidade dos americanos de promover a Estátua da Liberdade, ele também desenvolveu produtos derivados: miniaturas da torre, chaveiros, cartões-postais, broches, medalhas... A lista é extensa. Tanto que ele pensou em negociar a imagem da Torre em embalagens de chocolate e leite. Visionário como Steve Jobs e destemido como Bernard Tapie, o engenheiro Eiffel foi, sem dúvida, um líder fora do comum.

7

Os maiores artistas foram seus piores adversários?

Eu amo Paris, que é o lugar das inteligências, e sinto Paris ameaçada por este lampião verdadeiramente trágico, surgido de suas entranhas, e que será avistado à noite a vinte léguas de distância por cima dos ombros das montanhas, como um farol de naufrágio e desespero.
LÉON BLOY (1846-1917).

A torre Eiffel é realmente de uma feiura que desconcerta, e ela nem sequer é enorme.
JORIS-KARL HUYSMANS (1848-1907).

Os primeiros golpes de picareta acabavam de ser dados. As fundações da torre mais alta do mundo mal tinham sido iniciadas e já se assistia a uma verdadeira revolta contra ela. Era 14 de fevereiro de 1887, duas semanas depois do início das obras. O jornal *Le Temps* publicou um grande protesto assinado por uma plêiade de artistas. Ele começava assim: "Nós, escritores, pintores, escultores, apaixonados amantes da beleza até então intacta de Paris, protestamos com todas as nossas forças, com toda a nossa indignação, em nome do gosto francês desconsiderado, em nome da arte e da história francesas ameaçadas, contra a construção, em pleno coração de nossa capital, da inútil e monstruosa torre Eiffel [...] Pois a torre Eiffel, que nem mesmo a comercial América aceitaria, é, que não haja dúvida, a desonra de Paris".

Esse protesto pode parecer surpreendente nos dias de hoje, quando a Torre se tornou um ícone incontestável, com mais de 300 milhões de visitantes registrados desde sua inauguração. Mais do isso, quase 130 anos depois, esse monumento ainda desperta o interesse, e até mesmo a admiração, dos turistas de todo o planeta, que aclamam esse símbolo de Paris, cujas imagens estão no topo da lista entre todas as localidades da França no Instagram.

Mesmo assim, na época a petição foi levada muito a sério. O sucesso da futura Exposição Universal de 1889, que comemoraria o centenário da Revolução Francesa, estava em jogo. Os líderes da Terceira República queriam impressionar, mas também cativar, apresentando realizações técnicas que evidenciassem a grandeza recuperada da França, seu gênio técnico e científico. Foi por isso que o projeto da torre metálica do construtor de pontes Gustave Eiffel foi escolhido. Sua missão consistia em erigir uma atração excepcional, pela qual os americanos, justamente, ansiavam, já que havia décadas eles corriam atrás da façanha de construir a torre mais alta do mundo. No entanto, o obelisco de Washington tinha apenas 169 metros, enquanto a Torre teria trezentos metros e ultrapassaria até mesmo as pirâmides egípcias, já que a de Quéops chegava a 146 metros.

Gustave Eiffel, homem de relações públicas, que acompanhava a imprensa com interesse, não hesitou em responder a seus virulentos detratores. Entre eles figuravam os escritores Guy de Maupassant, François Coppée, Leconte de Lisle, Sully Prudhomme, Alexandre Dumas filho, assim como o compositor Charles Gounod, o escultor Eugène Guillaume, os pintores Léon Bonnat, William Bouguereau, Ernest Meissonier e o arquiteto Charles Garnier. Uma impressionante lista de celebridades.

"Acredito, de minha parte, que a Torre terá uma beleza própria", responde ele no mesmo número do *Le Temps*. "Porque somos engenheiros, acreditam que a beleza não nos preocupa em nossas construções e que, enquanto fazemos algo sólido e duradouro, não nos esforçamos para torná-lo elegante? [...] Afirmo que as curvas das quatro arestas do monumento tais quais o cálculo as forneceu, que, partindo de um enorme e inusitado pedestal na base, vão se afilando até o topo, passarão uma impressão de força e beleza; pois elas revelarão a audácia da concepção como um todo. A torre Eiffel será a construção mais alta que os homens jamais erigiram. Não será grandiosa à sua maneira? E por que o que é admirável no Egito se tornaria feio e ridículo em Paris? Procuro uma resposta e, confesso, não encontro."

Gustave Eiffel eleva o tom do debate à altura de suas ambições: ultrapassar os monumentos mais altos do mundo. E isso numa época de revoluções tecnológicas sem precedentes. Em 1887, o telefone aparecia como um novo meio de comunicação, com a inauguração da primeira linha entre Paris e Bruxelas. E o automóvel fazia suas primeiras voltas nas alamedas do Bois de Boulogne, com o marquês de Dion e Georges Bouton.

Mas a torre Eiffel infelizmente não agradou aos artistas oficiais, alguns dos quais membros da Academia Francesa, outros do Instituto ou laureados com o prestigioso Prêmio de Roma... Isso se tornará um fato marcante da história cultural do país. No entanto, não se seguiu uma nova "Batalha do *Hernani*", como em 1830, quando os Antigos e os Modernos se confrontaram no teatro a respeito da peça de Victor Hugo. Pois Eiffel simplesmente não tinha partidários no meio cultural, no qual contava apenas com o amigo escultor Auguste Bartholdi, para quem ele havia projetado a estrutura da Estátua da Liberdade. Quanto ao grande Victor Hugo, a quem Eiffel tinha sido apresentado (e cujo genro, o antigo ministro Edouard Lockroy, era seu grande protetor), morrera dois anos antes (em 22 de maio de 1885), sendo homenageado por toda a França em grandiosas exéquias nacionais (em 1º de junho de 1885). Nenhum apoio a vir desse lado, portanto.

Eiffel pressente que a verdadeira batalha a ser travada é a da opinião pública, pois a elite política, os empresários e os engenheiros do país estão a seu lado. Ele precisa, portanto, obter o apoio da imprensa, que está em plena expansão. Ao longo das obras, ele envolve os jornalistas em sua incrível aventura, que nos jornais e revistas ilustradas se transformará em uma verdadeira epopeia.

Primeiro, foi graças a um artigo do *Le Figaro*, datado de 22 de outubro de 1884, que os parisienses ficaram sabendo que um projeto de torre colossal poderia ser aprovado para a Exposição Universal de 1889. A seguir, Eiffel convidou um dos colunistas proeminentes do *Le Figaro*, Albert Wolff, para conhecer o canteiro de obras da Torre, na primavera de 1887, no momento da instalação dos pilares e da conclusão das fundações. Eiffel, que recebeu um artigo entusiasmado, permitiu então que o *Le Figaro* instalasse um escritório e uma pequena gráfica no segundo andar da Torre quando esta estivesse concluída, dois anos depois.

A cada etapa da construção, os jornalistas estavam nas primeiras filas. Em 4 de julho de 1888, Gustave Eiffel convidou os oitenta mais influentes de Paris para compartilhar um banquete de verão no primeiro andar da Torre, a cerca de setenta metros de altura. A primeira visita da imprensa aconteceu em 24 de fevereiro de 1889, quando a montagem da terceira plataforma foi concluída. Os que descreveram a jornada a pé até os 280 metros de altura se revelaram os melhores embaixadores dessa proeza tecnológica.

No verão de 1889, o sucesso do empreendimento parecia incontestável, e a curiosidade do público se tornou fenomenal. Para difundir sua obra-prima na França e fora dela, Gustave Eiffel utilizou cartazes impressos (as primeiríssimas imagens em tamanho grande e a cores), que começaram a aparecer no final dos anos 1880. Esses cartazes da torre Eiffel tornaram a ideia do progresso científico tangível e familiarizaram o amplo público das cidades e do campo com uma realização por muito tempo considerada impensável.

Durante a Exposição Universal, muitos escritores e artistas se arriscaram a visitar a Torre, como a atriz Sarah Bernhardt, o compositor Charles Gounod e o pintor Meissonier. Alguns mudaram de opinião com toda honestidade. Sully Prudhomme confessou se arrepender de sua assinatura na petição e saudou "a obra concluída e vitoriosa". Mas outros não se deixaram convencer. Guy de Maupassant continuou a criticá-la ferozmente. E levou a provocação a ponto de almoçar na Torre só para poder dizer a todos que aquele era "o único lugar onde não a vejo". Alphonse Daudet tinha a mesma atitude provocativa.

Mallarmé escapou com uma pirueta: "Fui dar uma olhada na Exposição: me pediram um artigo, só encontrei as seguintes palavras: a Torre supera minhas expectativas". Os irmãos Goncourt a visitaram em 6 de maio de 1889. Primeiras anotações: "Voltamos a pé para Auteuil, no meio da multidão. A torre Eiffel parecia um farol deixado na terra por uma geração desaparecida, uma geração de cinco metros de altura". Algumas semanas mais tarde, depois de um jantar na Torre, na companhia de Émile Zola, entre outros, eles compartilharam em seu diário algumas outras impressões: "Lá em cima, muito além dos pensamentos ao rés do chão, a percepção da grandeza, da extensão, da imensidão babilônica de Paris...".

A Torre, que chocou pela radicalidade de sua arquitetura e pela escolha dos materiais de construção, seduziu pela excepcional qualidade de suas vistas panorâmicas. Fotógrafos e pintores, como Georges Seurat (1859-1891), logo a retrataram. Esse artista da escola pontilhista foi o primeiro a dedicar um quadro à torre Eiffel, em 1888, quando a construção ainda não estava concluída. Ele foi seguido por seu discípulo, o jovem Paul Signac (1863-1965), estudante de arquitetura convertido à pintura, que chamou *Seine-Grenelle* um de seus quadros representando a Torre.

Henri Rousseau (1844-1910) pintou um autorretrato com a Torre ao fundo e a bandeira francesa (*Moi-même, portrait-paysage*). Paul Gauguin, que não a pintou, pressentiu uma mudança nos gostos estéticos, escrevendo na revista *Le Moderniste ilustré*, em 1889: "Aos arquitetos-engenheiros cabe uma nova arte de decoração, tal como parafusos ornamentais, pedaços de ferro ultrapassando a linha do horizonte, uma espécie de renda gótica de ferro".

Monumento de vanguarda, a Dama de Ferro atraiu o número recorde de 2 milhões de visitantes ao longo de 1889: o equivalente à população de Paris. O feito não é pequeno. Especialmente porque a curiosidade retornaria com a nova Exposição Universal de 1900, da qual a Torre de novo foi um dos destaques. Assim, no início do século XX, ela esteve prestes a conquistar uma aprovação quase unânime. Enquanto isso, ano após ano, novos pintores, como Bonnard, Bazaine, Utrillo, Gromaire, Vuillard, Dufy, Marquet, e também novos poetas, se apropriavam dela, como Guillaume Apollinaire e Blaise Cendrars. Uma mudança acontecia. Assim como no final do século XIX era de bom tom, entre as elites artísticas e culturais, denegri-la ou zombar dela, mais tarde se tornou de última moda elogiá-la e mesmo celebrá-la. Pois a modernidade da Torre cada vez mais se destacava aos olhos de todos, como evidenciado na obra do pintor Robert Delaunay (1885-1941), que a colocou no centro de seus interesses em 1910, e voltou a lhe dedicar telas em 1922, 1925 e 1926. Ele sem dúvida foi o artista que lhe prestou mais homenagens, e da maneira mais fulgurante, sempre celebrando-a em um caleidoscópio de cores, com grande destaque para o laranja, o amarelo, o vermelho, o verde e o azul.

Para coroar tudo isso, o surrealismo, o movimento artístico mais revolucionário do início do século XX, adotou a torre Eiffel como um objeto de culto em poemas assinados por Robert Desnos, Benjamin Péret e Philippe Soupault. Depois dessa série de reconhecimentos artísticos, foi a vez do cinema se apropriar do monumento, com René Clair a utilizando como cenário de seu primeiro filme, *Paris qui dort*. Cenas acrobáticas foram filmadas por Albert Préjean e Madeleine Rodrigue acima do terceiro andar. Ele também lhe dedicou um documentário, *La Tour*, em 1928. Entre os dois, vieram *Paris en cinq jours* (1925), de Nicolas Rimsky e Pierre Colombier, e *Les Mystères de la tour Eiffel* (1926), de Julien Duvivier. Depois foi a vez de Abel Gance filmar a torre Eiffel, em *La Fin du monde* (1930), seguido por toda a indústria cinematográfica, francesa e americana.

Em meio século, os artistas passaram da aversão à adulação. Mesmo Gustave Eiffel, cuja imagem e reputação foram seriamente manchadas por uma pena de prisão depois do escândalo do canal do Panamá (1891-1893), voltou a ser prestigiado a partir de 1929, quando Bourdelle esculpiu seu busto, instalado ao pé do pilar norte da Torre, em uma cerimônia organizada pelo governo em "memória de um grande francês" falecido seis anos antes.

No entanto, foi preciso esperar o ano de 1964 para o monumento ser oficialmente reconhecido por sua arquitetura exemplar, graças ao ministro da Cultura, André Malraux. Este aliado do general De Gaulle inscreveu a torre Eiffel no Inventário Suplementar dos Monumentos Históricos. O momento da consagração havia chegado. Aquele ano foi ainda mais crucial na história da Torre porque o escritor Roland Barthes, febre da intelectualidade francesa, lhe dedicou um livro apaixonado. Seu canto de amor era acompanhado de uma análise fina e detalhada do "símbolo universal de Paris". Ele observava que "visitar a Torre é se colocar na sacada para perceber, compreender e saborear uma certa essência de Paris" e que, pela primeira vez, um mirante oferecia uma vista não da natureza, mas da cidade. A Torre "transforma a cidade em uma espécie de natureza", acrescentando "ao mito urbano, muitas vezes sombrio, uma dimensão romântica, uma harmonia"...

Nos anos 1970, o Centro Pompidou, projetado pelos arquitetos Renzo Piano e Richard Rogers (inaugurado em 1977), e, na década seguinte, a pirâmide do Louvre, de Ieoh Ming Pei, provocaram polêmicas semelhantes: despertando rejeições às vezes violentas, seguidas de uma aceitação por vezes beirando a adoração.

8

Gustave Eiffel era maçom?

> *Seu pertencimento à maçonaria não deixa dúvidas. Desconhecemos tanto a data quanto o local de sua iniciação.*
>
> ALAIN BAUER, ex-grão-mestre do Grande Oriente (de 2000 a 2003), autor do *Dictionnaire amoureux de la franc-maçonnerie*.

Um dos segredos mais bem guardados de Gustave Eiffel (1832-1923) é seu pertencimento à maçonaria. Essa corrente de pensamento humanista e racionalista experimentou um crescimento significativo durante as primeiras décadas da Terceira República (1870-1900), período em que contou com muitos adeptos na classe política, de Sadi Carnot a Jules Grévy, passando por Jules Ferry e Gambetta.

Republicano ardente, engenheiro apaixonado, o construtor da torre Eiffel tinha muitas afinidades com os maçons. Sua formação científica, seu positivismo, suas convicções políticas e laicas, seu gosto por interações e suas relações sociais: tudo o conduzia aos "irmãos", como os maçons se chamam entre si. Gustave Eiffel desde muito cedo se envolve com esse ambiente, que luta pelo progresso científico e técnico e pelos direitos do homem e do cidadão.

Na verdade, seu pai, Alexandre Bönickhausen, chamado Eiffel, era membro da loja maçônica Solidarité, em Dijon, desde os anos 1840. Tornando-se uma figura proeminente, esse antigo soldado das forças napoleônicas, que de militar se tornou comerciante, passou a interagir com outros burgueses locais. Teria ele conversado sobre isso com seu filho antes de ele se mudar para Paris em 1850? É muito improvável. Talvez depois de sua saída da Escola Central, cinco anos depois, já que Gustave logo se viu na órbita de empresários maçons, muito numerosos no meio da metalurgia e dos transportes.

Seu primeiro empregador, Charles Nepveu, afirmava ser maçom. Construtor de máquinas-operadoras e de equipamentos ferroviários, ele contratou o jovem engenheiro por recomendação de relações em comum. Vítima de uma falência pouco depois, Nepveu confiou seu novo protegido aos irmãos Pereire, empresários brilhantes e maçons, proprietários da Compagnie des Chemins de Fer de l'Ouest, uma das principais empresas do setor. Esses dois empresários pediram a Gustave para construir uma ponte na linha Paris-Saint-Germain-en-Laye. Em seguida, Gustave começou a trabalhar para o industrial belga François Pauwels, apresentado por Nepveu, e que também tinha negócios com os Pereire. Assim, Gustave Eiffel logo foi encarregado por estes últimos de supervisionar a construção da ponte de Bordeaux. Ele acabara de completar 25 anos. "Vejo este acontecimento como uma grande felicidade", escreveu aos pais.

Exímio condutor de obras, gestor muito talentoso, ele realizou façanhas na execução deste prestigioso projeto. Concluída em julho de 1860, a ponte se tornou a mais longa da Europa. Eiffel tinha alcançado o feito que faria sua reputação.

Desde o início da carreira, esse homem brilhante integrou as redes maçônicas. E nunca mais se afastaria delas. Contudo, não devemos exagerar sua importância. Na França da época, mais importante eram as habilidades individuais, que determinavam a contratação. O engajamento político vinha em segundo lugar, em um momento em que os republicanos ascendiam ao poder e consolidavam as conquistas. A rede de contatos e as relações ficavam em terceiro lugar.

Todos esses trunfos não eram negligenciáveis para o jovem Eiffel, que não escondia suas ambições e sonhava fazer fortuna. Entre os maçons, ele estabeleceu relacionamentos sólidos com empresários e contratantes, mas também conheceu engenheiros notáveis. Um exemplo é Paul Régnault, engenheiro da Compagnie du Midi, que seria o arquiteto e desenhista da famosa ponte de Bordeaux. Talvez, aliás, ele é que tenha convencido Eiffel a ingressar na maçonaria? Ao menos é o que sugere Alain Bauer, grande especialista em maçonaria. Além disso, durante a construção da ponte de Bordeaux (1858-1860), Eiffel conheceu duas figuras importantes para suas atividades: Jean Compagnon e Émile Nouguier, ambos maçons. O primeiro era um antigo membro da Comuna de Paris, habilidoso em dirigir os trabalhadores que construíam pontes. O segundo, um engenheiro muito talentoso na montagem e soldagem de estruturas metálicas. Esses dois especialistas altamente requisitados foram contratados por Eiffel depois da obtenção do contrato para construir a ponte ferroviária sobre o rio Douro, em Portugal, a partir de 1875. Essas contratações foram decisivas para o sucesso das oficinas de construção metálica de Gustave Eiffel.

Quando chegou a hora de construir a torre Eiffel, Jean Compagnon foi logicamente encarregado de supervisionar os trabalhos dos 250 operários do canteiro de obras em 1887. Émile Nouguier, por sua vez, auxiliou o jovem colega Maurice Koechlin a desenvolver o projeto, em 1884. Koechlin e Nouguier depositaram juntos a primeira patente de uma torre metálica de mil pés de altura, que Gustave Eiffel prontamente comprou deles algumas semanas depois. Ele a transformaria em sua obra-prima.

A futura torre Eiffel deveria coroar a Exposição Universal de 1889, que celebraria o centenário da Revolução Francesa. Ela seria a torre mais alta do mundo e um monumento à glória dos benefícios científicos e técnicos da República. A Igreja francesa, aliás, via nela uma resposta ao Sacré-Cœur, construído em Montmartre para expiar os "pecados" cometidos durante a Comuna de Paris.

Mas a torre Eiffel deveria ser vista como um símbolo maçônico? Os maçons adoravam torres com luzes brilhando no topo. Nos três andares do monumento, alguns viram uma referência aos três graus maçônicos: aprendiz, companheiro, mestre. Mas se analisarmos a gênese da Torre, ela parece resultar mais prosaicamente de uma abordagem pragmática: erigir na vertical um pilar metálico e garantir-lhe uma base e uma estabilidade suficientes, por isso seus quatro lados, cada um como um triângulo. Sua forma, portanto, obedece em grande parte a cálculos destinados a garantir uma boa resistência ao vento e uma leveza suficiente para não exigir fundações significativas. Sua decoração e as melhorias à sua silhueta feitas pelo arquiteto Alfred Sauvestre não visavam conferir uma identidade maçônica, mas uma estética.

Por outro lado, Eiffel precisava de apoio político sólido para vencer sua ousada aposta tecnológica. Ele precisou convencer várias comissões técnicas, ganhar a adesão de políticos parisienses, parlamentares e jornalistas. Mas, acima de tudo, compartilhar uma visão comum, suscitar um entusiasmo compartilhado por um pequeno grupo de tomadores de decisão. Foi nesse ponto que seu encontro com Édouard Lockroy, então ministro do Comércio e comissário geral da Exposição Universal, se revelou crucial. Ex-membro da Comuna, vindo da extrema esquerda do espectro político, Lockroy se tornou deputado depois de ter sido jornalista. Maçom, ele era íntimo de Victor Hugo, cuja nora havia desposado. Os dois homens se entendiam maravilhosamente bem, compartilhavam o gosto por desafios nos quais era necessário se empenhar pessoalmente. Lockroy chegou a descer nos fossos escavados para as fundações da Torre para testar a segurança oferecida aos operários pelos compartimentos de ar comprimido...

Naquela época, Gustave Eiffel também foi chamado para ajudar uma personalidade artística: o escultor alsaciano Frédéric Auguste Bartholdi (1843-1904). Personalidade da maçonaria, ex-ajudante de campo de Garibaldi, um dos pais da unificação italiana, Bartholdi havia projetado uma gigantesca Estátua da Liberdade para os "irmãos" americanos, a ser colocada na entrada do porto de Nova York. Faltava uma estrutura metálica capaz de sustentá-la. Seu amigo Eiffel aceitou o desafio. Seus engenheiros trabalharam no projeto. Bartholdi, membro da loja Progrès et Vérité, em Bex (cantão de Vaud), falou a Eiffel sobre os trabalhos maçônicos e o convidou a se juntar à loja em suas temporadas na Suíça durante o verão.

O pertencimento à maçonaria costuma ser discreto, às vezes mantido em segredo. No caso de Gustave Eiffel, também havia uma grande desconfiança em relação aos rumores. Quando ele se engajou publicamente a favor dos republicanos no final do Segundo Império (1851-1870), a polícia imperial monitorou de perto suas atividades, quase prejudicando seus negócios. Depois da derrota contra a Prússia, ele foi acusado de ser um agente a serviço de Bismarck devido a seu sobrenome de origem alemã, Bönickhausen, que ele mudou em 1880. Finalmente, quando o populismo boulangista se desencadeou e quando homens de negócios e políticos se viram sob suspeita devido ao escândalo do Panamá, no qual ele esteve envolvido, Eiffel não teria nenhum interesse em reivindicar sua filiação à maçonaria.

Portanto, ele parece ser um "maçom sem avental", uma espécie de simpatizante que não consta no registro de nenhuma loja maçônica. Quando o catálogo "Toda Paris Maçônica" foi publicado em 1896, aliás, seu nome não foi mencionado. Uma prova de que sua filiação aos Irmãos não estava confirmada, pois este livro, com 10 mil nomes de personalidades, teria prazer em destacá-lo, três anos depois do escândalo do Panamá e de sua condenação – rapidamente revogada – a dois anos de prisão. A única vez que o nome de Eiffel apareceu foi na apresentação de Jean Compagnon, designado como "chefe de serviço da casa Eiffel".

No final da vida, Eiffel parece ter parado de frequentar os maçons com regularidade. Ele se aproximou da Igreja Católica e da paróquia de Saint-Philippe-du-Roule, bairro onde tinha um palacete (não muito longe de sua Torre) e onde sua família organizou seu funeral religioso, na segunda-

-feira, 31 de dezembro de 1923. Em seus arquivos pessoais, organizados e entregues à filha mais velha, não há nenhum elemento relacionado a possíveis atividades maçônicas, deixando a pergunta "Gustave Eiffel era maçom?" sem uma resposta categórica.

9

O general Georges Boulanger quase ofuscou Eiffel?

> *Para ter sucesso em um golpe de Estado, temos nove chances em dez e ainda assim hesitamos.*
> GENERAL GEORGES BOULANGER,
> ex-ministro da Guerra (1886-1887).

A torre Eiffel foi edificada, com ordem e método, de 1887 a 1889, em uma França atormentada pela febre boulangista, do nome do general Boulanger (1837-1891), ministro da Guerra transformado em líder de um amplo movimento populista. Ameaçado pela Alta Corte de Justiça, Boulanger acabou deixando a França em 1º de abril de 1889, um dia depois da inauguração da torre Eiffel. O jornal satírico *Le Pilori* ilustrou a esse episódio com um cartaz assinado pelo desenhista Blass, representando políticos no topo da torre Eiffel para observar um eclipse lunar. O eclipse, é claro, era o do general Boulanger, em um medalhão dentro de um sol em breve obscurecido pelo satélite da Terra. Na legenda, podia-se ler: "visível a olho nu"...

Os parisienses de fato acompanharam, em paralelo, a construção da torre destinada a reinar na entrada da Exposição Universal de 1889, que celebraria o centenário da

Revolução Francesa, e os protestos de rua exigindo a ascensão de um general ao poder.

Obcecado pelo projeto da torre, que exigia todas as suas energias, Gustave Eiffel atravessou esse período sem parecer prestar muita atenção à agitação geral. É verdade que ele também estava absorvido pela construção de oito comportas para o distante canal do Panamá. Indiferença ou reserva? A questão se impõe, pois sabemos que o industrial era muito engajado no campo republicano e próximo ao poder.

Curiosamente, as trajetórias de Georges Ernest Jean-Marie Boulanger e Gustave Eiffel, cinco anos mais velho, apresentam semelhanças. Ambos provincianos, eles foram produtos de um sistema meritocrático que elevava os mais talentosos e também os mais combativos. Em 1856, Boulanger saía da Escola Militar de Saint-Cyr, enquanto Eiffel, formado na Escola Central, iniciava sua brilhante carreira na construção de estruturas de metal. Boulanger serviu na Cabília, na Itália e na Cochinchina, sendo promovido a major em 1870. No ano seguinte, ele foi ferido durante a repressão da Comuna, enquanto Eiffel tinha se juntado à guarda nacional como sargento no início da guerra contra a Prússia, depois de construir uma grande ponte sobre o Garonne em Bordeaux, fundar sua própria empresa em Levallois-Perret (perto de Paris) e aparecer ao lado do radical republicano Jules Simon, em campanha eleitoral.

Boulanger e Eiffel estavam em trajetórias ascendentes. Eiffel conseguiu uma série de contratos importantes na América Latina, na Hungria e em Portugal, que lhe abriram amplamente as portas para o reconhecimento. Enquanto isso, Boulanger continuava sua carreira meteórica, sendo promovido a general de brigada no dia de seus 43 anos, em 29 de abril de 1880. Nesse mesmo ano, Eiffel, com 48 anos recém-completados, afrancesou seu nome, abandonando o sobrenome germânico em um período em que os alemães eram desprezados. Ele já estava trabalhando na estrutura metálica da futura Estátua da Liberdade, a pedido do escultor Frédéric Auguste Bartholdi, depois de ter construído dois pavilhões para a Exposição Universal de 1878 em Paris.

Outros pontos em comum entre o militar e o engenheiro: ambos viajaram muito mais do que seus contemporâneos; à frente de seu tempo, eles eram impulsionados por uma ambição devoradora. Em 1881, Gustave Eiffel se candidatou sem sucesso às eleições cantonais em Neuilly-sur-Seine, não muito longe de suas oficinas. Enquanto isso, o general Boulanger representava a França no centenário da vitória de Yorktown (Virgínia), batalha vencida pelas forças americanas e que levou à rendição dos ingleses. No ano seguinte, à frente da infantaria francesa, ele tomou uma série de decisões que aumentaram sua popularidade: um novo modelo de mochila, a adoção de bicicletas... Ao mesmo tempo, Eiffel embarcava no projeto de uma torre de trezentos metros de altura, destinada a ser a mais alta do mundo, cujas patentes ele depositaria em 1884.

Dois anos depois, em 1886, Boulanger foi nomeado ministro da Guerra por Georges Clemenceau, seu antigo colega no liceu de Nantes. Eiffel também experimentou um início de consagração nesse mesmo ano, pois foi oficialmente encarregado de construir sua torre, e a Estátua da Liberdade, de sua concepção, foi inaugurada em 26 de outubro em Nova York.

Para ambos, a história se acelerou. Como jovem ministro da Guerra (1886-1887), Boulanger equipou o exército francês com o famoso fuzil Lebel, usado até o final da Primeira Guerra Mundial. Além disso, ele melhorou as condições de vida dos soldados, equipando cada quartel com um refeitório, substituindo os enxergões de palha por colchões e as gamelas por pratos. Ferozmente republicano, ele proibiu a presença de "chefes de família que reinaram sobre a França e seus herdeiros diretos", excluindo seus membros do exército. Os descendentes da Casa de Orléans foram excluídos dos quadros de reserva, portanto, e o duque d'Aumale, filho de Louis-Philippe, foi expulso para a Bélgica. Boulanger completou o dispositivo suprimindo as dispensas do serviço militar concedidas a eclesiásticos e a jovens burgueses que estudavam.

Depois de todas essas medidas, não é surpreendente que Boulanger tenha feito grande sucesso diante de 120 mil parisienses reunidos em Longchamp, em 14 de julho de 1886, para comemorar o sucesso da campanha de Tonquim. Preocupado em afagar o orgulho nacional, o novo ministro empreendeu nos meses seguintes uma ampla campanha antialemã, instalando acampamentos militares bem perto da Lorena e da Alsácia, dois departamentos cedidos à Prússia depois da derrota de Napoleão III em Sedan, em 1º de setembro de 1870.

Outra semelhança entre os dois homens: a intuição sobre a importância da opinião pública. Em 1887, ao acabar de assinar um contrato com o Estado e o prefeito do Sena para construir uma torre, Eiffel enfrentou a campanha de difamação de seus oponentes, entre os quais uma série de artistas famosos. Ele respondeu por meio da imprensa, a qual nunca deixaria de tratar com deferência. Assim, ele a convocou desde o início das obras para provar sua confiabilidade e segurança, apesar do terreno pantanoso. Sob os olhares dos jornalistas, o ministro republicano do Comércio e da Indústria, Édouard Lockroy, seu principal apoiador, testou os compartimentos planejados para uso dos operários.

O general Boulanger, por sua vez, causou sensação no ministério da Guerra ao criar o primeiro escritório de imprensa, pouco antes de ser demitido do governo por causa do caso Schnæbelé: a descoberta de uma rede de espionagem francesa montada por sua iniciativa na Alsácia-Lorena alemã.

Depois, os destinos dos dois homens parecem divergir. A partir de maio de 1887, Boulanger, privado de seu cargo, se considerou um homem livre. Ele começou uma turnê pela França, onde se apresentou como uma alternativa, apoiado pela Liga dos Patriotas (200 mil membros), liderada por Paul Déroulède, um populista obcecado pela revanche contra a Alemanha, aos brados de: "É Boulanger que precisamos" – com a ressalva de que um general da ativa não podia ser eleito deputado. Os parisienses não se importaram. Em 8 de julho de 1887, dia de sua partida de Paris para um novo posto à frente do 13º corpo em Clermont-Ferrand, 10 mil manifestantes invadiram a estação ferroviária de Lyon, alguns deitando-se nos trilhos para impedir que o trem partisse. Seus cartazes diziam: "Ele voltará". O comboio partiu com três horas e meia de atraso.

Uma semana antes, as fundações da torre Eiffel haviam sido concluídas. A montagem das peças metálicas podia começar. Esta fase era delicada, a montagem das vigas e arcos de ferro deveriam ser rebitados a quente na edificação dos quatro pilares nos quais o monumento repousaria. As obras do gigante de encaixar levariam mais doze meses, o tempo de unir os pilares no primeiro andar e construir o segundo andar, que seria concluído no verão seguinte.

Em novembro de 1887, a Terceira República enfrentou uma de suas crises políticas mais graves, com o "escândalo das condecorações". O genro do presidente da República, Jules Grévy, foi acusado de vender a Legião de Honra e negociar a graça de condenados à morte no Palácio do Eliseu, onde residia com a esposa e o sogro. Clemenceau confrontou o governo sobre o que se tornou "o caso das medalhas". Nesse momento, os republicanos, incluindo Édouard Lockroy – apoiador de Eiffel desde o início e comissário-geral da futura Exposição Universal – manobravam para associar Boulanger e Clemenceau em um mesmo governo.

Em 2 de dezembro, Grévy foi forçado a renunciar, pois sua posição havia se tornado insustentável. Os manifestantes invadiram as ruas de Paris. No dia seguinte, o engenheiro republicano Sadi Carnot o sucedeu, eleito pelos deputados e senadores reunidos em congresso em Versalhes.

Para conter a ascensão do populismo, o recém-eleito presidente aposentou compulsoriamente o general Boulanger, que se encontrou secretamente com o príncipe Napoleão e os orleanistas. Exonerado de suas funções em 15 de março de 1888, ele também foi retirado das fileiras do exército. Devolvido à vida civil definitivamente antes de completar cinquenta anos, o ex-militar tentou transformar a enorme corrente de simpatia que despertava em um movimento político hostil ao regime parlamentar.

Ele se candidatou em várias circunscrições, como a lei eleitoral permitia naquele momento. Foi eleito na Dordonha, em 8 de abril, e no Norte, na semana seguinte. Em 12 de julho, ele entrou na Câmara dos Deputados, aclamado por seus partidários, mas verbalmente agredido pelo novo presidente da Assembleia, Charles Floquet, que o chamou de "peão de colégio mal-educado". Diante do "insulto", Boulanger exigiu reparação. Um duelo de espadas opôs os dois homens no dia 13 de julho de 1888, em Neuilly, em uma propriedade privada. Ao contrário do que diz a lenda, o confronto não ocorreu aos pés da torre Eiffel, em plena construção do segundo andar, pois Gustave Eiffel estava recebendo jornalistas naquele dia e preparando uma queima de fogos para a noite.

Os dois duelistas se apresentaram com seus padrinhos a alguns quilômetros do Champ-de-Mars. Contra todas as expectativas, Floquet, pequeno e gordo, que nunca havia segurado uma espada na vida, feriu no pescoço – de leve – o general, subitamente transformado em mártir. Rapidamente recuperado, ele retomou sua campanha eleitoral. Foi eleito em 19 de agosto no departamento de Somme, depois na Charente.

No início do ano de 1889, a irresistível ascensão da torre Eiffel parecia acompanhar a ascensão de Georges Boulanger. Em 9 de janeiro, Gustave Eiffel fez as honras de sua obra ao presidente Sadi Carnot, em visita ao local da Exposição Universal. Dezoito dias depois, Boulanger foi eleito deputado de Paris, onde seu antigo amigo Clemenceau o desafiara a se candidatar. Foi um verdadeiro triunfo para o líder nacionalista, apoiado secretamente pelos bonapartistas devido a seu programa em forma de tríptico: "Dissolução, Revisão, Constituinte".

Como seria de esperar, Boulanger celebrou dignamente essa vitória histórica. Ao lado de seu estado-maior, ele jantou no café Durand, na Place de la Madeleine, logo cercado por uma multidão de 50 mil pessoas. Déroulède o incitou a marchar sobre o Eliseu, que ficava bem perto. No entanto, o general se recusou a dar um golpe de Estado, ele não tinha alma de golpista. Ele preferiu apostar nas eleições, que se anunciavam favoráveis, previstas para o outono: mais vitórias por vir na forma de votação.

Sua recusa ao obstáculo decepcionou os partidários, e os adversários decidiram detê-lo em sua marcha. O ministro do Interior, Ernest Constans, tomou a iniciativa, denunciando o movimento como uma sociedade secreta. Ele advertiu Boulanger de que seria preso e levado perante a Alta Corte de Justiça por atentado à segurança do Estado. Em 1º de abril de 1889, Boulanger fugiu para Bruxelas. Essa saída pouco gloriosa foi ofuscada por um evento que permaneceria na história: a inauguração da torre Eiffel no dia anterior, 30 de março de 1889, com a colocação da bandeira tricolor em seu topo como cereja do bolo.

Boulanger fracassou. Ele não conseguiu ligar a bandeira à sua pessoa. Em uma República que acabara de ser abalada, a Torre, desejada pela elite denunciada pelo general, simbolizou a força do regime. Em 4 de abril, Boulanger foi processado tanto por "conspiração contra a segurança interna" quanto por "desvio de fundos públicos, corrupção e prevaricação".

Um mês depois, o presidente Sadi Carnot celebrou o centenário da Revolução Francesa em Versalhes, em uma cerimônia na sala do Jeu de Paume. Em 15 de maio, a torre Eiffel foi aberta ao público. Sadi Carnot a visitou em 10 de julho com a esposa e os dois filhos. Enquanto isso, Boulanger se angustiava na Bélgica ao lado da amante, que sofria de tuberculose. Em 14 de agosto, ele foi condenado por contumácia à deportação para um local fortificado. As eleições legislativas de 22 de setembro e 6 de outubro de 1889, que deveriam marcar o triunfo do boulangismo, soaram seu fim. Os boulangistas obtiveram apenas 42 assentos, contra 366 dos republicanos e 168 da direita.

Abatido, o general derrotado se suicidou em 30 de setembro de 1891 sobre o túmulo da amante no cemitério de Ixelles, perto de Bruxelas. Clemenceau, sempre pouco empático, disse: "Ele morreu como viveu, como um subtenente".

Nesse mesmo ano, Gustave Eiffel fracassou em uma eleição para o senado na Côte-d'Or, e ficou sabendo que seu projeto de metrô em Paris fora adiado por tempo indeterminado. Mas outro drama já se anunciava. As queixas dos pequenos investidores arruinados pelo fiasco do canal do Panamá (ver o Capítulo 12, "Eiffel, cúmplice ou vítima do escândalo do Panamá?") se acumulavam na mesa do procurador-geral. Sem dúvida, o ano de 1891 foi terrível para os dois homens.

10

Eiffel era megalomaníaco?

> *Vou ficar com ciúmes desta torre.*
> *Ela é mais famosa do que eu.*
> GUSTAVE EIFFEL.

> *A torre Eiffel será a construção mais alta*
> *já erguida pelos homens.*
> *Não será grandiosa à sua maneira?*
> GUSTAVE EIFFEL,
> 14 de fevereiro de 1887.

Vontade de poder, gosto pelo exagero, sonhos de glória, orgulho incomensurável. Havia tudo isso em Gustave Eiffel quando ele se lançou no projeto de construir a torre mais alta do mundo, no outono de 1884. Mesmo que essa ideia insana não tenha partido dele.

O notável ministro da Indústria da época, Charles Freycinet, estava em busca de algo que pudesse constituir o ponto alto da grande Exposição Universal de 1889, concebida para celebrar os cem anos da Revolução. Ele queria restaurar a posição da França como uma grande potência, com "algo atrativo, jamais visto, sensacional". E foram dois engenheiros brilhantes da empresa de Gustave Eiffel, Maurice Koechlin e Émile Nouguier, que conceberam o projeto: erguer na vertical um pilar gigantesco, como os usados nos novos viadutos ferroviários.

No início, Eiffel se mostrou cético quando seus dois colaboradores lhe apresentaram essa atração de feira. Em poucas semanas, porém, ele se convenceu de que aquele seria o grande projeto de sua vida, a realização que superaria todas as outras por sua audácia. E quando transformou esse projeto delirante em seu, Eiffel investiu nele todo conhecimento e experiência acumulados na prática, mobilizou todos os recursos – relacionais e financeiros – e colocou nele toda a sua energia, bastante significativa.

Não resta dúvida de que, para embarcar em um projeto tão louco quanto o da Torre, Gustave Eiffel deve ter sido impulsionado por um forte sentimento de superioridade. Pois o projeto representava uma série de desafios consideráveis. De fato, nem os americanos nem os britânicos tinham até então conseguido construir uma torre de mil pés, ou seja, trezentos metros de altura. Chegava-se aos limites das capacidades humanas. O peso de uma estrutura tão grande, sua resistência ao vento, as fundações a serem construídas: tudo parecia extraordinariamente complicado. A construção mais alta do mundo, aliás, localizada nos Estados Unidos, tinha à época apenas 169 metros de altura e suas obras haviam durado quarenta anos.

Mas Gustave Eiffel pressentiu que seria capaz de realizar essa façanha. E ele conseguiu, depois de muitas crises e momentos de grande tensão. Prova de que ele não havia subestimado seus recursos e suas capacidades. E isso lhe conferiu, pelo resto de seus dias, uma energia impensável e uma arrogância sem igual, de um megalomaníaco que realizou seus desejos e devaneios. Depois da torre Eiffel, ele se dedicou ao projeto de um túnel sob o canal da Mancha e de um sistema de transporte subterrâneo em Paris... Sim, ele sonhou em construir o metrô! Era bastante para um só homem.

Para termos uma ideia melhor desse personagem, podemos voltar ao dia 31 de março de 1889, inauguração da torre Eiffel. Nesse dia, no auge de sua glória, nos deparamos com um grande burguês republicano, tão rico quanto poderoso. Aos 56 anos, ele estava elegante, exibia uma barba cuidadosamente aparada, usava monóculo, chapéu e casaco, com um belo relógio de bolso. Desfrutando da acolhida entusiasmada conferida à sua torre, Gustave Eiffel (1832-1923) irradiava satisfação. Não apenas havia construído uma renomada empresa de estruturas metálicas em Levallois-Perret, nos arredores de Paris, como tinha conseguido erguer em tempo recorde (dois anos) uma torre que deixou os grandes engenheiros americanos e britânicos loucos de inveja. E agora ele via todas as cabeças coroadas e os homens mais poderosos do planeta extasiados diante dela.

Seguro de si, bom de conversa, determinado e convincente, assim se impõe ao mundo inteiro Gustave Eiffel, figura excepcional. Bem constituído, relativamente baixo (1,65 metro), ele é um empresário a quem tudo sorri. Suas realizações industriais em todo o mundo já falavam por ele, mas com a torre de mais de trezentos metros de altura, erguida no coração de Paris, ele também adquiria outra dimensão.

Isso aquecia ainda mais seu coração porque o destino estava longe de ser previsível. Ele teve uma infância negligenciada, sofreu por ser um aluno medíocre, se tornou um engenheiro que ansiava por sucesso na política, mas precisou se contentar com uma brilhante carreira de industrial.

Para este ícone da França industrial do século XIX, tudo começou em Dijon, em 15 de dezembro de 1832, em uma família de comerciantes. Os ancestrais de Gustave Eiffel eram originários da Alemanha e se chamavam Bönickhausen. O ramo de sua família que floresceu fez fortuna na tapeçaria. O pai de Gustave precisara se contentar em ser um bom soldado, um veterano das campanhas napoleônicas que, depois de desmobilizado, se tornou intendente na prefeitura de Côte-d'Or. Sua mãe, tão corajosa quanto ambiciosa, teve sucesso no comércio de carvão.

Absorvidos por seus negócios, os pais do jovem Gustave o entregaram à avó. Em Dijon, ele cresceu sonhando em ir para Paris, mas a família condicionou a viagem aos resultados escolares, que eram medíocres. Sua primeira visita à capital o encantou. Em 1850, ele finalmente se mudou para Paris e entrou no colégio privado Sainte-Barbe. Lá, esse aluno mediano decidiu entrar na prestigiosa Escola Politécnica, para suceder seu tio, que tinha uma empresa química na Côte-d'Or, em Pouilly.

Mas nada ocorreu conforme o planejado. Eiffel começou a se dedicar aos estudos tarde demais, e não entrou por pouco na Politécnica. No entanto, sua admissibilidade nessa escola militar de elite permitiu que ele se matriculasse na Escola Central de Artes e Manufaturas, em outubro de 1852. Esta nova instituição privada, criada em 1829 por saint-simonistas (engenheiros que acreditavam, como o duque de Saint-Simon, no progresso científico e nas virtudes da indústria para o desenvolvimento geral) ambicionava formar "homens livres" dotados de todo o conhecimento necessário para ter sucesso nos negócios.

Dessa nova "Sorbonne industrial" saíram jovens executivos da indústria destinados a liderar as novas fábricas do país. O aluno Eiffel se sentiu bem ali e decidiu se especializar em química. Segundo seu biógrafo Daniel Bermond, essa foi uma boa escolha, já que o jovem Gustave Eiffel era ruim em desenho à mão livre, pouco motivado pelos estudos gráficos e desconfortável na metalurgia...

Rapidamente, porém, ele precisou desistir de ingressar na empresa química do tio Mollerat, pois as duas famílias se desentenderam por razões políticas: a batalha entre republicanos e bonapartistas ainda estava em pleno vigor. Diplomado pela Escola Central aos 23 anos, Gustave se viu obrigado a mudar de rumo e se voltar para uma especialidade para a qual não se sentia destinado: a construção de máquinas a vapor, ferramentas e equipamentos ferroviários para Charles Nepveu. Esse industrial fazia parte dos contatos de sua mãe, que conseguiu estabelecer uma sólida rede no meio da metalurgia.

Nesse ponto, Gustave Eiffel ainda não estava dominado pela megalomania, mas era impulsionado por uma grande ambição e tinha uma considerável confiança em si mesmo. Um jovem provinciano de família pequeno-burguesa, nascido em Dijon, cujos ancestrais eram originários da Alemanha, precisava disso para triunfar em Paris. Como um Rastignac, ele queria constantemente superar a si mesmo.

Na verdade, parecendo desafiar as fronteiras e as dificuldades das viagens, ele atravessou o Velho Continente e acompanhou a conquista colonial, seguindo o avanço do Império francês ao redor do mundo. Embora não fizesse parte de um grupo de altos funcionários do Estado (Corps des Ponts-et-Chaussées ou Corps des Mines), ele conseguiu a proeza de construir uma sólida reputação em obras públicas e projetos do Estado. Como empreendedor, não se contentou em apenas gerenciar suas oficinas de subúrbio. Ele as transformou em uma empresa de ponta, voltada para a grande exportação.

Mas essa conquista do mundo não lhe bastava, ele ansiava por uma carreira na política e aceitou os riscos que ela envolvia. A prova está em um relatório dos arquivos da polícia de Paris, datado de 1º de março de 1874: "Este indivíduo possui uma fortuna considerável, sua moral, conduta e reputação comercial são boas. Mas ele não é muito bem-visto devido às suas relações com os radicais [...] É em suas oficinas que, sob o Império e desde então, ocorrem reuniões políticas dos radicais de Levallois-Perret. [...] Ele professa opiniões radicais extremas e é livre-pensador. Exerce grande influência sobre os trabalhadores que emprega e espalha entre eles as doutrinas subversivas da demagogia. Ele foi apadrinhado pelos radicais e eleito por eles nas eleições municipais de 23 de julho de 1871. Faz parte do conselho municipal desde então, é amigo de todos os radicais mais importantes da comuna de Levallois-Perret".

Republicano de coração, Gustave Eiffel lutava abertamente por um ideal político que favorecesse o surgimento de uma nova burguesia industrial dominante e, ao mesmo tempo, desafiasse a ordem moral. Fascinado pela política, engajado com os radicais (a ala mais à esquerda dos republicanos da época), ele foi conselheiro municipal de Levallois nos anos 1870, sob esse rótulo. No entanto, ele desistiu de seguir por esse caminho. Lutar por um mandato de prefeito se revelou incompatível com sua agenda de empresário de alcance internacional que dirigia sozinho uma empresa de trezentos funcionários.

Além disso, ele não tinha nenhum talento oratório. O dom da palavra era essencial naquela época para se impor. Tanto que, em 1882, depois de tentar sem sucesso, no ano anterior, se eleger conselheiro geral do cantão de Neuilly, ele se retirou do conselho municipal de Levallois-Perret. Ele não teve nem a humildade nem a paciência necessárias de esperar um pouco mais. Ele, que não gostava que as coisas se arrastassem, percebeu com clareza que o mundo industrial o recebia de braços abertos. Ele pressentiu que já tinha todas as qualidades para ser um grande homem de negócios.

De fato, nas negociações comerciais e na condução de obras, ele demonstrava uma perseverança e um gosto por lutas difíceis que deixavam muitos admirados. Líder de homens e muito narcisista, ele tirava energia e inspiração do esporte, uma prática incomum na burguesia da época. Semelhante a um *gentleman* inglês, Gustave era um atleta de fim de semana. Ele se dedicava assiduamente à esgrima, esporte no qual expressava seu amor por duelos, por trocas vitoriosas e pelo prazer de acertar o alvo. Ele também fazia muita natação. Excelente nadador, ele não hesitou em mergulhar no rio Garonne para resgatar um trabalhador em perigo. Esse ato de bravura ocorreu no final dos anos 1850, quando ele estava liderando a construção da ponte de Bordeaux. Seu nome foi dado a essa prestigiosa realização, classificada como Monumento Nacional.

Dotado de uma energia inesgotável e de uma saúde fora do comum, ele passaria trinta anos fazendo grandes viagens de uma ponta à outra do globo. Em 1865, ele embarcou para o Egito, onde visitou o canteiro de obras do Canal de Suez. Em 1872-1873, fechou contratos na América Latina. Em 1875, foi para a Hungria, em Budapeste, onde sua empresa construiria a estação de trem. No mesmo ano, foi para Portugal, para construir uma ponte no Porto. Dois anos depois, ele inaugurou a ponte sobre o rio Douro. Em 1892, viajou para a Tunísia e a Argélia.

Sem parar de trabalhar, ele dedicava todo o tempo em que estava na França à gestão de sua empresa, até o ano de 1889, que marcou o auge de sua trajetória empresarial. Famoso no mundo todo, adorado pelos americanos, celebrado por todos os europeus, Eiffel foi unanimemente saudado pelos franceses, em todos os níveis da pirâmide social.

A partir de 31 de março de 1889, data de inauguração da torre Eiffel, as cerimônias e os eventos se sucederiam sem parar. Os construtores, os jornalistas e as autoridades foram os primeiros convidados. Depois Eiffel se certificou de honrar todos os estrangeiros interessados em visitar a Torre, desde o xá do Irã até o maior inventor da época, o americano Thomas Edison.

Em 5 de maio de 1889, a Exposição Universal abriu suas portas ao público, que correu para as escadas e elevadores da Torre. Os primeiros dias de visitação foram um imenso sucesso. Gustave Eiffel estava nas nuvens, em seu escritório-apartamento do terceiro andar. De novo sua megalomania!

Mas enquanto a Torre recebia uma afluência inesperada e quase inimaginável, totalizando 2 milhões de visitantes apenas no primeiro ano, houve um momento de virada para o orgulhoso Gustave Eiffel. Em questão de três anos, ele perdeu todo o crédito acumulado junto à opinião pública e viu sua honra comprometida. Pior ainda, a queda continuou até a decadência social, pois ele foi preso depois de ser condenado a dois anos de reclusão no escândalo do Panamá, por abuso de confiança e fraude.

Em 8 de junho de 1893, ele se viu atrás das grades e começou a cumprir a pena na prisão da Conciergerie. Surpreendentemente, porém, apenas uma semana depois, Eiffel foi libertado. Seus advogados conseguiram que a sentença fosse anulada por um erro processual. Ele ficou aliviado, mas não foi inocentado: o caso nunca seria julgado novamente. E ele escapou por pouco a perda de sua Legião de Honra. Aos 61 anos, era um homem humilhado, quebrado. Não havia como continuar os negócios. Ele decidiu se aposentar da empresa de construção metálica de Levallois-Perret que levava seu nome.

O caso do Panamá o assombraria para sempre. A ponto de ressurgir no ano de 1996, quando seria emitida uma nota de duzentos francos com sua efígie. Seria conveniente que Gustave Eiffel fosse homenageado na moeda nacional? O mesmo escândalo que arruinou tantos pequenos investidores também explicaria a inexistência de um museu Eiffel.

No entanto, pouco a pouco, ano após ano, Eiffel se reergueu, seguindo uma terceira via, dedicada à ciência, tornando-se um grande mecenas, sempre mantendo um olhar sobre sua Torre para garantir que ela nunca fosse desmontada, como fora originalmente previsto. Tendo acumulado uma grande fortuna em cerca de trinta anos (ele obteve no mínimo 15 milhões de francos de lucro na aventura do canal do Panamá, enquanto outros perderam tudo), ele desfrutou de uma vida de nababo bastante discreta, entre suas diversas propriedades, passando temporadas na Côte d'Azur ou na região de Bordeaux, passando pela Suíça, seguindo o ritmo das estações e de seus humores. Sem esquecer de sua residência particular, na Rue Rabelais, em Paris (8º arrondissement), onde realizava grandes recepções e apresentava espetáculos teatrais de sua própria invenção.

Mas sua luta final se situou em outro âmbito. Ela foi tanto intelectual quanto moral. Depois de se dedicar à física, sua paixão de juventude, ele decidiu transformar a torre Eiffel em um instrumento científico multifuncional. Ele incentivou pesquisas sobre ventos, correntes aéreas, resistência do ar e de materiais, pressão atmosférica. Ele mesmo se envolveu com meteorologia, se interessou por aeronáutica e eletrônica.

A torre concebida como uma atração fantástica para turistas, mas sem utilidade prática, sem uma função específica, foi transformada em um gigante laboratório por Gustave Eiffel, que liderou essa última batalha com grande vigor, como de costume.

Em 1909, quando a concessão da Torre chegava ao fim, ele já havia publicado artigos científicos e financiado trabalhos de pesquisa, mas acima de tudo, iniciado e facilitado muitas experiências interessantes e promissoras. A torre Eiffel parecia útil para a ciência. Ela contribuía para o progresso técnico e participava dos avanços de seu tempo.

Eiffel continuou incansavelmente sua grande obra de autorreabilitação. A Torre era sua joia. Ela conquistou a comunidade científica, seduziu o aparato militar, com sua posição de vigia estratégica, na vanguarda das novas tecnologias. Sua torre não podia ser desmontada, isso era inconcebível. Ele obteve uma vitória temporária em 12 de julho de 1906, com uma prorrogação de cinco anos da concessão outorgada pelo prefeito do Sena. Dois anos depois, essa concessão foi estendida até 1926. Quando Gustave Eiffel morreu (em 27 de dezembro de 1923), sua torre já havia se tornado uma lenda. Ele também. Ele contribuiu para isso, aliás, transformando sua vida em um mito edificante para as gerações futuras.

Em 15 de dezembro de 1912, por exemplo, para seu aniversário de oitenta anos, ele convidou 220 pessoas para sua residência na Rue Rabelais – outro *bon vivant*. Ao relatar esse evento mundano, o *Journal des débats* o descreveu como "tão jovem em sua robusta velhice", alguém que "persevera incansavelmente em suas experiências na aviação, a mais jovem das conquistas da ciência". É verdade que a mestra de cerimônias, Claire Eiffel, dedicada embaixatriz do culto a seu pai, organizou mais uma vez tudo muito bem.

O discurso anual foi feito por Gustave Noblemaire, antigo aluno do colégio de Dijon, que retraçou o percurso exemplar do colega, desde a ponte de Bordeaux, que lhe valera a primeira glória, até as experiências científicas atuais, passando pela Torre, "homenagem fervorosa ao deus das construções metálicas do qual és o grande mestre".

Seguiu-se uma série de pratos, como veado Cumberland, faisões acompanhados de codornizes, algumas galinhas à Dame Blanche, sem falar de caçarolas milanesas, costeletas de cordeiro Maintenon e foie gras do Périgord. Sabemos que Eiffel era apreciador de boa comida, e ali ele foi muito bem servido. O coração e o espírito também seriam contemplados, com cantoras dos teatros Opéra e da Opéra-Comique, além de uma estrela do Moulin-Rouge, Yvette Guilbert, com seu programa de "obras da Velha França". Gustave Eiffel estava radiante.

Durante os anos de aposentadoria dourada, ele se dedicou de corpo e alma ao teatro, do qual se manteve um espectador fiel até o fim, cultivando seu amor pela ópera e pelo grande palco. Ele gostava de pensar em si mesmo como um ícone vivo e tratou de escrever sua autobiografia, depois de ter contado a história de sua torre Eiffel. Quando de sua morte, todos os seus arquivos já haviam sido cuidadosamente organizados, e Claire incumbida de zelar por eles, é claro. Eiffel tinha certeza de sua posteridade, ele queria poder controlá-la. Até hoje, seu legado é retumbante. Mas a homenagem mais bonita associada à sua pessoa é a de todas as escolas francesas que levam seu nome, como o liceu profissional do 7º arrondissement de Paris, bem perto do Champ-de-Mars, berço de *sua* Torre.

11

Os americanos são os melhores amigos da Torre?

> *Se fizéssemos todas as coisas que somos capazes de fazer, ficaríamos literalmente atordoados.*
> THOMAS EDISON (1847-1931),
> inventor e cientista americano.

> *A torre Eiffel aparece com frequência em minhas fotografias, ela é inegavelmente um ícone, com sua estrutura única e imponente. Assim que a vemos, imediatamente sabemos que estamos em Paris.*
> ELLIOTT ERWITT,
> fotógrafo americano.

Entre os americanos e a torre Eiffel existe uma longa história de amor, uma "*love story*" que deve muito ao mútuo fascínio de Thomas Edison (1847-1931) e Gustave Eiffel, desde o primeiro encontro entre os dois, em 7 de setembro de 1889.

O genial inventor e cientista americano havia chegado a Paris no mês anterior, depois de uma longa viagem de navio, para visitar a Exposição Universal, por pedidos insistentes de sua esposa, Mina. A presença de Edison era ardentemente desejada pelos organizadores, pois suas múltiplas invenções (telégrafo, teletipo, microfone, lâmpada elétrica...) impressionavam a todos. Na Exposição, cerca de 858 metros quadrados foram dedicados à apresentação de seu novo aparelho revolucionário: o fonógrafo. Esse dispositivo permitia gravar todos os sons, mas principalmente reproduzir a voz humana. Essa invenção era tão fundamental quanto a fotografia, pois, assim como ela, podia capturar momentos, visuais ou auditivos, para sempre. O fonógrafo funcionava gravando a representação visual de uma onda sonora em uma folha de estanho colocada em torno de um cilindro com sulcos, como diz o livro *1001 invenções que mudaram o mundo*. O som era representado na forma de uma série de ranhuras na folha, graças a um estilete que reagia às vibrações do som gravado.

As demonstrações organizadas obtiveram grande sucesso popular. Diariamente, 25 mil visitantes iam ouvir as máquinas de gravação, o dobro daqueles que subiriam a torre Eiffel em alguns dias. Gênio das novas tecnologias, Edison dizia: "Se fizéssemos todas as coisas que somos capazes de fazer, ficaríamos literalmente atordoados". Além disso, dotado de um notável senso de negócios, o americano de 42 anos ficou encantado com a mais alta torre do mundo. Instantaneamente.

Do outro lado do Atlântico, o Washington Monument tinha acabado de ser erigido, com grande dificuldade, e inaugurado em 21 de fevereiro de 1885, em homenagem a George Washington (1732-1799), primeiro presidente dos Estados Unidos. Localizado na capital americana, o gigantesco obelisco tinha 169 metros de altura. A torre Eiffel era duas vezes mais alta. Até a construção da Torre, o Washington

Monument seria a edificação mais alta do mundo. Sua construção, iniciada em 1848, foi interrompida em 1854 por falta de recursos, sendo retomada apenas em 1879. O monumento foi aberto em 1888, apenas um ano antes da Torre.

Nesse ínterim, dois grandes engenheiros americanos, Clarke e Reeves, tinham planejado construir uma torre muito alta, de mil pés (trezentos metros), para a Exposição da Filadélfia em 1876, para marcar o centenário da Declaração de Independência dos Estados Unidos. Eles imaginaram um cilindro de dez metros de diâmetro estabilizado e mantido no solo por espessos cabos fixados a uma base de alvenaria. Mas eles não conseguiram concretizar seu sonho devido à falta de recursos financeiros.

Alguns americanos consideraram o feito de Gustave Eiffel uma afronta, a julgar pela imprensa da época. Mas outros reconhecerem a proeza técnica dos engenheiros franceses. A torre Eiffel desde o início lhes pareceu familiar, pois correspondia à civilização técnica que promoviam.

Assim, a colônia americana instalada em Paris celebrou, sem reservas, esta extraordinária construção desde os primeiros dias. E observou-se um aumento de turistas americanos na Exposição Universal.

Gustave Eiffel tinha tudo para agradar à América. Esse *self-made man* devia sua fortuna a si mesmo. Empresário multimilionário, ele construiu pontes ao redor do mundo, do Peru a Saigon... E desfrutava de uma certa notoriedade nos Estados Unidos, depois de ter construído a estrutura metálica da Estátua da Liberdade – assinada pelo escultor Frédéric Auguste Bartholdi –, que acabara de ser inaugurada na entrada do porto de Nova York, em 1888. Foi graças à sua empresa de construção metálica e ao seu engenheiro-chefe, Maurice Koechlin, que a construção desse monumento tão simbólico da amizade franco-americana foi possível.

Além disso, Eiffel contratou a empresa americana Otis para fabricar os elevadores que levavam o público ao segundo andar. As negociações com os fornecedores americanos foram difíceis, pois Eiffel exigiu um sistema de cremalheira, por motivos de segurança, e obrigou seus fornecedores a simular uma quebra do cabo do elevador. A seguir, ele ficou frustrado com os atrasos técnicos e com a entrega tardia da Otis. Os elevadores de concepção americana começaram a funcionar em meados de junho de 1889, dois meses e meio depois da inauguração. E satisfizeram completamente.

Foi graças aos elevadores Otis que Thomas Edison chegou ao terceiro andar, na sexta-feira, 9 de agosto de 1889. Ele foi recebido pelo genro de Gustave Eiffel, Adolphe Salles, que posou para uma foto a seu lado. O sogro não estava em Paris, pois era seu período de férias de verão, mas foi imediatamente informado da visita do ilustre inventor e um encontro oficial foi marcado para o mês seguinte. Nesse mesmo dia, outros americanos causaram sensação, como o famoso cowboy Buffalo Bill. Este último subiu ao topo da Torre com quarenta índios Sioux. Todos faziam parte do Wild West Show, que acampava havia várias semanas no gramado de Neuilly, a pouca distância do Champ-de-Mars. Eles apresentavam um grande espetáculo equestre duas vezes por dia (um precursor do faroeste moderno), revivendo a saga da conquista do Oeste para os atônitos parisienses. A estrela do show era uma atiradora de elite americana chamada Anne Oakley.

Mas, por enquanto, a América era personificada por Thomas Edison, admirado em todo o mundo. Ele foi recebido por um Gustave Eiffel radiante, no terceiro andar da Torre, como seriam todos os grandes chefes de Estado e personalidades do planeta que tivessem coragem de tentar a subida. Lá, a cerca de trezentos metros de altura, o anfitrião havia preparado uma sala de recepção ao lado de seu escritório.

A afinidade foi imediata entre os dois engenheiros, Edison e Eiffel. Um grande almoço os reuniu sob a égide da Sociedade Francesa de Engenheiros Civis, que apoiou o projeto da torre Eiffel desde os primeiros dias. Estavam presentes Adolphe Salles e sua esposa Claire, filha mais velha de Gustave Eiffel. Este último teve a honra especial de registrar sua voz na invenção de Thomas Edison. Ele permanece nos anais da história como uma das primeiras personalidades a ter o privilégio de imortalizar a própria voz. Edison, por sua vez, considerou que a Torre era "uma coisa maravilhosa", "uma das mais importantes que a engenharia nos deu".

De volta à América, o inventor seguiu celebrando os feitos da Torre, enquanto renovou sua confiança no know-how de seu país para construir uma torre de 450 metros, ou mesmo 600 metros de altura, para celebrar dignamente o 400º aniversário da descoberta da América por Cristóvão Colombo, em 1892. Na Exposição Universal de Chicago daquele ano, porém, os americanos não cumpriram a promessa. Nenhum patrocinador foi seduzido pelo projeto. Os americanos não quebrariam tão cedo o recorde da torre Eiffel.

Os Estados Unidos tiveram sua revanche em 1930, com o Chrysler Building de Nova York, com 319 metros de altura.

E depois repetiram o feito em 1931, na mesma cidade, com o famoso Empire State Building, de 381 metros.

A história poderia ter terminado aí. Mas quando a Segunda Guerra Mundial eclodiu, a Torre foi envolvida em novo turbilhão. Enquanto na guerra de 1914-1918 ela esteve na linha de frente, monitorando o avanço e os movimentos do exército alemão, dessa vez, à imagem do país, ela foi rapidamente ocupada pelas forças nazistas. Estas instalaram uma estação de televisão para seus soldados. Em agosto de 1944, os americanos retornaram, dessa vez como libertadores de Paris.

A torre Eiffel escapou da destruição. Hitler a havia solicitado às suas tropas. Mas o general Von Choltitz, governador militar de Paris, não pôde se resignar a isso. Apaixonado pela capital, ele decidiu não destruir a Torre, a menos que fosse levado a tanto para proteger seus soldados. A Torre foi salva. Membros da Resistência francesa rapidamente colocaram em funcionamento os elevadores sabotados em 1940, que as tropas alemãs nunca tiveram tempo de consertar, pois os soldados da Wehrmacht desejosos de apreciar a vista preferiam subir a pé, e a construção permaneceu fechada ao público por quatro anos.

Mas a guerra não havia acabado. A Torre foi requisitada pelas divisões americanas para auxiliar na coordenação estratégica de sua vasta ofensiva em terra e ar. Até 1946, ela foi ocupada pelos americanos, com o consentimento das novas autoridades francesas, que instalaram um nightclub reservado a membros das forças aliadas.

Para agradecer à população parisiense e fazê-la tomar consciência do esforço de guerra dos Estados Unidos, uma exposição de seus diversos aviões foi organizada em agosto e setembro de 1945 sob a torre Eiffel.

No Champ-de-Mars, foi possível descobrir a gama de sua força aérea: os bombardeiros pesados Liberator e médios Marauder, os bombardeiros *Flying Fortress* com suas bombas de mil libras cada, que os curiosos podiam explorar de ponta a ponta, desde a cabine de pilotagem até o compartimento de bombas, como relatou o jornal *Le Monde*. Mas também os Mustang e os Thunderbott, com suas metralhadoras de grosso calibre, sem esquecer o bimotor Evader, o monoposto Lightning... Uma oportunidade de lembrar o tributo pago pela gigantesca Oitava Força Aérea dos Estados Unidos, com suas 4 mil aeronaves: sob o eixo da torre Eiffel, um monumento mencionava o sacrifício de 43.742 pilotos e tripulantes "mortos pela civilização" do mundo livre.

A torre Eiffel só se tornou novamente acessível aos turistas em 1º de junho de 1946, quando seus três andares foram reabertos depois de seis anos de fechamento forçado. Em 1949, ela recebeu um milhão de visitantes, como em 1937, durante a Exposição Internacional de Artes Aplicadas.

Hoje, os americanos ainda formam a maior população não europeia de turistas, com 530 mil visitantes em 2016, à frente dos britânicos (400 mil). A Torre permanece indubitavelmente ancorada em seus corações.

12

Eiffel, cúmplice ou vítima do escândalo do Panamá?

Para Gustave Eiffel, 1889 foi o ano do triunfo. Mas também foi o ano de uma virada inesperada que levaria à sua queda, altamente midiatizada, três anos depois. Enquanto a Torre, aberta ao público em 5 de maio, se tornava a principal atração da Exposição Universal – recebendo 2 milhões de visitantes no ano –, a companhia do canal do Panamá faliu, arruinando dezenas de milhares de investidores, em meio a corrupção e subornos pagos a políticos e industriais. Gustave Eiffel foi acusado de ser cúmplice e processado por abuso de confiança e fraude. Embora tenha saído bem, financeiramente falando, esse escândalo mancharia para sempre sua reputação... Vamos relembrar os fatos.

O grande empreendedor e diplomata Ferdinand de Lesseps (1805-1894) se tornara um especialista na construção de obras colossais que facilitassem o comércio global. Ele foi o pai do canal de Suez, inaugurado em novembro de 1867, onde Eiffel esteve a seu convite. Esse canal gigantesco conecta o mar Mediterrâneo ao mar Vermelho, permitindo que navios naveguem da Europa até o Oriente Médio e a Ásia sem precisar passar pelo Cabo da Boa Esperança, no extremo sul da África.

Depois, engenheiros franceses – entre os quais Lucien Napoléon Bonaparte-Wyse (filho de Laetitia Bonaparte, sobrinha de Napoleão I) – obtiveram uma concessão para a construção de um canal interoceânico através do istmo do Panamá (que pertencia à Colômbia na época), de maneira a permitir a passagem entre o oceano Atlântico e o oceano Pacífico sem ter que contornar a ponta mais ao sul da América do Sul e passar pelo Cabo Horn.

Durante um congresso internacional de geografia (com representantes de 26 países) realizado em Paris em maio de 1879, Lesseps conseguiu a aprovação para a escavação de um canal no Panamá. No entanto, Lesseps e Eiffel discordaram sobre a natureza da obra. Lesseps preferia um canal com um único nível, no estilo do canal de Suez, enquanto Eiffel defendia um canal com eclusas, composto por cerca de dez seções, para tornar a escavação nas montanhas menos desafiadora, mesmo que isso truncasse a progressão dos navios. No fim, o projeto de Lesseps (de canal único) foi aprovado por 72 votos contra 12 e 8 abstenções. Mas Eiffel obteve o direito de exclusividade sobre a implementação do sistema de eclusas, caso ele se tornasse necessário no futuro.

No início da década de 1880, as obras do canal começaram com dificuldade, pois além de enfrentarem malária e febre amarela, os trabalhadores precisavam nivelar enormes extensões de solo, especialmente o terrível maciço de Culebra, às vezes sob chuvas torrenciais. O empreendimento enfrentou múltiplos percalços e foi muito mais custoso do que o esperado. Chegou a cerca de 1,2 bilhão de francos – mais de cem vezes o custo da torre Eiffel (8 milhões) – embora Lesseps inicialmente previsse apenas a metade: 600 milhões de francos.

Apesar da emissão de vários títulos junto ao público, os fundos levantados se mostraram insuficientes para cobrir os crescentes gastos da obra. Assim, um novo empréstimo no valor de 600 milhões foi iniciado em 1885 e autorizado por lei em 1888, porém não foi completamente subscrito.

Já em 1887, Ferdinand de Lesseps se viu obrigado a abandonar o projeto do canal de um só nível e buscou a ajuda de Eiffel, o detentor exclusivo do projeto do canal com eclusas de grande porte, o que o tornava o único habilitado a construir. Em 10 de dezembro daquele ano, ele finalmente assinou um contrato com a Companhia Universal do Canal Interoceânico do Panamá para conduzir as obras, dentro de um prazo de trinta meses a partir de 1º de janeiro de 1888. Ao todo, era preciso construir cerca de dez eclusas enormes: sete com onze metros de altura e outras três com oito metros de altura. Ele se envolveu profundamente com um novo projeto colossal, portanto, empregando inicialmente 2.500 trabalhadores, logo aumentados para 6 mil (no verão de 1888), em paralelo ao projeto de construção da torre Eiffel, onde, enquanto isso, 250 operários trabalhavam.

Eiffel, o primeiro a prever as dificuldades na construção do canal no Panamá, relutou durante vários meses em se envolver nesse projeto de alto risco. Por cautela, ele fez a Companhia do Panamá assinar contratos rigorosos para seus serviços. Esses contratos a preço fixo, ao fim dos quais a empresa deveria pagá-lo por cada eclusa finalizada, totalizaram mais de 70 milhões de francos apenas para a parte da construção metálica. Depois da liquidação da empresa de Lesseps, em 4 de fevereiro de 1889, Eiffel foi amplamente recompensado pelos trechos já concluídos, recebendo uma quantia significativa pelos riscos assumidos. Assim, ele garantiu 15 dos 18 milhões já recebidos para a última parte dos trabalhos, devolvendo apenas 3 milhões ao liquidante, mesmo quando a companhia do canal do Panamá tinha falido. Essa quantia correspondia aos trabalhos concluídos por suas equipes (que no total construíram apenas oito eclusas) e aos pagamentos devidos com a interrupção das obras, quando ele foi obrigado a repatriar sua equipe. Esse contrato de rescisão foi oficializado em 31 de julho pelo tribunal de Paris. Gustave considerou a questão encerrada. Um erro colossal, pois o escândalo do Panamá faria dezenas de milhares de vítimas, entre as quais ele próprio não estava, visto que havia sido compensado muito antes dos pequenos investidores, alguns dos quais perderam as economias de uma vida inteira.

Qual foi a parcela de responsabilidade de Gustave Eiffel nesse escândalo que chamou a atenção da mídia? O empreendedor megalomaníaco não teve absolutamente nada a ver com o desastre financeiro da Companhia. Ele não se envolveu no pagamento de subornos a políticos para utilizar fundos públicos para financiar o colossal projeto. No entanto, devido a seu nome e ao prestígio de suas obras, ele, sem dúvida, conferiu credibilidade a esse projeto mal gerenciado ao se envolver com ele – embora tardiamente, em 1887 – e, assim, prolongando o erro geral. Pior ainda, o relatório da comissão de investigação revelou posteriormente (em 1898) que Eiffel gastou mais de 5 milhões de francos em comissões para afastar potenciais concorrentes e pagou 1,75 milhão ao diretor do jornal *Le Temps*, Adrien Hébrard, seu grande aliado na imprensa... para que usasse toda a sua influência para apoiá-lo.

Em 1891, o Estado ordenou uma investigação por abuso de confiança e fraude. Em 6 de setembro de 1892, o jornalista populista e antissemita Édouard Drumont divulgou os nomes de políticos e jornalistas envolvidos no escândalo do canal do Panamá, no jornal *La Libre Parole*. As acusações foram levadas ao Parlamento pelo deputado monarquista Jules Delahaye, denunciando as comprometedoras relações da classe política republicana durante a sessão de 21 de novembro. Uma comissão de investigação foi criada.

Dois dias antes, em 19 de novembro, Gustave Eiffel foi intimado a comparecer perante o tribunal de Paris por abuso de confiança e fraude, enquanto um de seus contatos, um banqueiro responsável por corromper parlamentares, o barão Jacques de Reinach, foi encontrado morto; a investigação concluiu que sua morte ocorrera por derrame cerebral, mas alguns jornais sugeriram suicídio. Perplexo, certo de sua inocência e convencido de ter agido, como de costume, com sagacidade, Eiffel se mostrou incapaz de se defender de maneira inteligente durante o julgamento, que ocorreu de 10 de janeiro de 1893 a 9 de fevereiro, por não compreender a extensão da comoção pública causada pelo escândalo financeiro.

Quando percebeu sua responsabilidade moral no fracasso, do qual ele não podia ser considerado cúmplice enquanto prestador de serviços, Eiffel doou 10 milhões de francos à Companhia Nova do Panamá para participar da nova emissão de títulos lançada em 1894. O objetivo era preservar os direitos da França sobre a concessão obtida da Colômbia. Imediatamente, ele buscou destacar esse gesto patriótico através da imprensa. Para os pequenos investidores e para a opinião pública abalada por todo o escândalo, porém, ele chegou tarde demais.

Um ano antes, de fato, em fevereiro de 1893, a reputação do construtor da torre Eiffel havia sido permanentemente manchada com uma condenação a dois anos de prisão e uma multa de 20 mil francos. Quatro meses depois, em 8 de junho, ele foi encarcerado e começou a cumprir pena na Conciergerie. No entanto, ele teve a imensa sorte de ser libertado depois de apenas uma semana, pois seus advogados conseguiram que a decisão do tribunal fosse anulada por irregularidade processual. Ele foi solto, mas não inocentado. O caso nunca voltou a ser julgado. Por pouco sua Legião de Honra não foi retirada por seus pares, por uma pequena margem a seu favor.

Aos 61 anos, Gustave Eiffel era um homem humilhado, quase destroçado. Não havia mais perspectivas para ele nos negócios. Ele tomou a sábia decisão de se retirar da empresa de construção metálica de Levallois-Perret que levava seu nome, enquanto sua cidade natal, Dijon, decidiu retirar seu nome do cais Eiffel. O escândalo do Panamá o perseguiria pelo resto da vida, e para além dela. Mais de um século depois, em 1996, algumas vozes se erigiram contra a decisão de emitir uma nota de duzentos francos com sua efígie. E talvez não se deva procurar outra razão para sua ausência do Panthéon, onde a República homenageia os homens ilustres – assim como para a inexistência de um museu Eiffel em Paris.

A terceira vida do engenheiro e homem de negócios, vítima colateral do escândalo do Panamá, foi dedicada ao mecenato científico. Com uma bela fortuna acumulada em apenas trinta anos (incluindo os lucros de 15 a 30 milhões de francos obtidos com a aventura do canal do Panamá), ele desfrutava de uma vida de nababo, entre suas grandes propriedades na Côte d'Azur, na região de Bordeaux, na Suíça... Além de seu palacete em Paris, onde ele organizava uma grande recepção para comemorar seu aniversário a cada 15 de dezembro.

Livre das contingências materiais, Gustave Eiffel se voltou para a física, sua paixão de juventude, e decidiu transformar a torre Eiffel em um instrumento científico com múltiplos usos. Desse modo, estimulou pesquisas sobre ventos, correntes aéreas, resistência do ar e dos materiais, pressão atmosférica. Ele mesmo começou a estudar meteorologia e se interessou por aeronáutica e eletrônica. Assim, sua obra-prima, concebida como uma atração fantástica para os turistas, mas sem utilidade prática, se transformou em um imenso laboratório. A todo vapor, como convinha a esse homem apressado.

Enquanto isso, no Panamá, a construção do canal foi retomada pelos americanos. Em novembro de 1903, eles compraram a concessão e as ações da Companhia Nova do Panamá e prolongaram o trajeto dos franceses, concluindo-o em 1914. O canal do Panamá foi finalmente inaugurado em 3 de agosto daquele ano – enquanto a Primeira Guerra Mundial eclodia na Europa –, com eclusas, seguindo a solução preconizada por Gustave Eiffel, que foi honrado com uma placa e figurou entre os primeiros idealizadores desse longo e doloroso empreendimento iniciado 34 anos antes.

13

O grande amor de Eiffel foi sua filha Claire?

> *Claire, "você é o verdadeiro modelo de mulher, pois além das qualidades do coração você possui um espírito perspicaz, cuja influência benéfica se espalha sobre nós".*
>
> GUSTAVE EIFFEL,
> 12 de agosto de 1911.

Nascido em uma família numerosa, Gustave Eiffel (1832-1923) também queria muitos filhos. Ele teve cinco: três meninas (Claire, Laure, Valentine) e dois meninos (Édouard e Albert). No entanto, o patriarca esteve muito ausente de casa durante os quinze anos (1862-1877) de seu casamento. Seus negócios o absorviam e o levavam para cima e para baixo, obrigando-o a realizar inúmeras viagens para acompanhar obras na França e na Europa.

Quando da morte prematura de sua esposa Marguerite, em 1877, com apenas 32 anos, Gustave colocou a filha mais velha, Claire, à frente da família, apesar de ela ter apenas catorze anos. Ela era sua preferida. Ele a educou para se tornar uma perfeita dona de casa e ela se destacou como uma conselheira excepcional em todos os âmbitos. Quando Claire se casou, em 1886, ela não deixou a casa da família. Seu marido Adolphe Salles, engenheiro brilhante que trabalhava na empresa do sogro, foi morar com ela.

Portanto, era sobre uma família atípica que reinava de forma bastante autoritária o patriarca egocêntrico, que organizava o culto à própria pessoa dentro do clã Eiffel, que por sua vez se submetia voluntariamente à sua dominação, visto que ele dispunha de uma fortuna considerável da qual seus próximos se beneficiavam.

É preciso dizer que o jovem Gustave teve uma infância sombria. Criado pela avó em Dijon até os onze anos, ele enfatizou em suas memórias o sentimento de abandono. Sua mãe, Catherine Mélanie Moneuse, que se casou em 23 de novembro de 1824 com um antigo soldado do exército napoleônico, François Alexandre Bönickhausen, *dit* Eiffel, mergulhou nos negócios. Uma mulher de temperamento forte e determinado, ela teve sucesso no comércio de carvão, enquanto seu marido se voltou para a intendência militar e depois foi contratado pela prefeitura de Dijon.

O casal passou oito anos sem ter filhos. Mas quando Gustave nasceu, em 15 de dezembro de 1832, eles já tinham muito com o que se preocupar para cuidar do bebê e o deixaram com a avó materna, Jeanne, "vovó Moneuse". Em 1834 e 1836, Marie e Laure, irmãs de Gustave, nasceram. Em 1843, seus pais venderam o negócio, garantindo assim uma renda sólida, e a seguir investiram no comércio de cerveja. Foi então que recuperaram o filho mais velho. Gustave guardaria por toda a vida a lembrança desse período de tédio e isolamento antes da reunião de toda a família.

No casal, era a mãe, enérgica e empreendedora, que sobressaía ao pai, um bonapartista amargurado envolvido na maçonaria. Foi ela, por exemplo, que levou o filho para visitar Paris pela primeira vez, em setembro de 1844.

Depois disso, Gustave não parou de ir à capital, demonstrando seriedade nos estudos. Seis anos depois, aos dezoito, ele era aluno interno no colégio particular Sainte-Barbe, preparatório para a Escola Politécnica. Seus pais continuaram a vigiá-lo de perto, mas ele nunca mais voltou a morar em Dijon.

Diplomado na Escola Central em agosto de 1855, Gustave Eiffel procurava um cargo de engenheiro na indústria. A mãe fez bom uso de seus inúmeros contatos. Ela encontrou para o filho um primeiro estágio e depois o apresentou a seu primeiro empregador, Charles Nepveu, um notório maçom. Com a carreira lançada, depois do grande sucesso de seu primeiro grande projeto – a ponte de Bordeaux – Gustave mais uma vez recorreu à mãe, dessa vez para encontrar uma esposa.

O brilhante engenheiro não queria perder tempo cortejando jovens de famílias respeitáveis. Ele já havia enfrentado desgostos por causa da indecisão dessas jovens, tinha más recordações. Pragmático e cínico ao mesmo tempo, ele traçou o perfil da mulher a ser encontrada: ela deveria saber cuidar de uma casa, ter um temperamento agradável, ter doçura e bondade para criar os futuros filhos.

Sua mãe encontrou essa joia rara na pessoa de Marguerite Gaudelet, com quem Gustave se casou em 1862: um casamento de conveniência para aquele homem de cálculos e interesses, mais do que de paixão.

No ano seguinte, nasceu em Clichy, no dia 19 de agosto, sua filha mais velha, Claire, que seria para sempre a verdadeira mulher de sua vida. Em seguida veio Laure, em 16 de outubro do ano seguinte (1863). Nasceram depois Édouard, em 27 de abril de 1866, Valentine, em 25 de fevereiro de 1870, e Albert, em 6 de agosto de 1873. Quatro anos depois, Marguerite morreu em Levallois-Perret. O empreendedor Gustave Eiffel ficou viúvo aos 45 anos, com cinco filhos para criar, três deles ainda pequenos.

A mais velha, Claire, tinha então catorze anos. Ele a levou consigo para Portugal pouco tempo depois da morte da esposa, para inaugurar a ponte sobre o Douro, uma das grandes realizações de sua carreira. Ao retornar, ele logo entregou à querida filha o comando do lar, antes de lhe conferir todos os poderes: de dona de casa, conselheira e confidente. Claire realizou os desejos paternos a ponto de se tornar a grande sacerdotisa do culto ao pai, construtor da mais alta torre do mundo.

Os anos de 1877 a 1879 marcaram uma virada na vida de Gustave Eiffel. Em poucos meses, ele perdeu a esposa, a irmã e, acima de tudo, a mãe, que significava muito para ele, em 26 de fevereiro de 1878, e por fim o pai, no ano seguinte. Ele então mudou seu sobrenome, trocando o nome de família germânico Bönickhausen por "Eiffel" (uma área montanhosa na Renânia de onde vinham seus ancestrais), que era apenas um apelido. Logo a seguir, ele redigiu seu primeiro testamento e tomou providências para seu funeral. A partir disso, a preocupação com seu legado nunca mais o deixou, até se apoderar totalmente de sua pessoa depois do escândalo do Panamá, que arruinou sua reputação, em 1893. Na provação, sua filha permaneceu mais do que nunca a seu lado.

Quando Claire se casou, aos 22 anos, em 20 de fevereiro de 1885, ela escolheu um jovem engenheiro, Adolphe

Salles, que logo pediu para ingressar na empresa Eiffel. O jovem casal em pouco tempo se mudou para a casa do sogro. Instalada no novo bairro burguês da Plaine Monceau, na Rue de Prony, em Paris, a família Eiffel ocupava uma mansão de três andares. A família vivia luxuosamente, gastando sem restrições com manutenção, mobiliário, roupas, salários dos numerosos empregados, aulas de piano e equitação para as crianças, e o aluguel da residência secundária na Normandia, no balneário de Petites-Dalles.

Durante a construção da torre Eiffel (1887-1889), bem como na inauguração e nas festividades que marcaram a Exposição Universal de 1889, Gustave esteve constantemente cercado pela filha e pelo genro, que o representava quando necessário.

Adolphe Salles logo se tornou seu filho de coração, seu braço direito e sucessor à frente da empresa. Naturalmente, o sogro lhe confiou a empresa durante o escândalo do Panamá, quando foi forçado a se afastar da direção da firma, renomeada Société de Construction de Levallois-Perret. Os dois filhos de Gustave, Édouard e Albert, tinham frustrado as expectativas do pai, que tinha uma personalidade opressora. Pouco talentosos nos estudos e pouco trabalhadores, eles nunca manifestaram o desejo de suceder ao genitor, que, no entanto, continuou a apoiá-los incansavelmente. Édouard se voltou para a viticultura, mas seu negócio nunca seria lucrativo. Albert começou a estudar agronomia, depois se dedicaria à pintura.

Devido às más companhias ("cocotes" e outras prostitutas), Albert arranjou problemas com a polícia e Gustave fez de tudo para abafá-los, com suas muitas conexões nos altos escalões, para não prejudicar a reputação de toda a família. Durante a Primeira Guerra Mundial, Albert Eiffel foi destinado, com a ajuda do pai, a uma equipe de camuflagem do exército, onde pôde usar seus talentos de pintor.

Ao longo de toda a vida, Gustave Eiffel deu grande importância à sua imagem e à de sua família. Dois rituais, todo ano, permitiam grandes autocelebrações: seu aniversário, em 15 de dezembro, e o de sua filha Claire, em 19 de agosto, comemorado uma semana antes, na festa de Santa Clara. Para o *pater familias* Eiffel, essa era a oportunidade perfeita para que parentes e amigos prestassem homenagem a seu sucesso. Sua esposa Marguerite tremia de ansiedade, temendo qualquer deslize. Depois de sua morte, ela recebeu uma homenagem especial: seu prato era sempre colocado à mesa e seu retrato reinava na sala de jantar.

O aniversário do chefe da tribo seguia três etapas: um discurso solene, seguido de um grande jantar e, por fim, uma festa semelhante a um baile de gala. Encabeçados pela filha Claire e pelo genro Adolphe, os preparativos começavam vários meses antes, para que o orçamento das festividades fosse administrado da melhor maneira possível, aumentando em poucos anos de 2.825 francos para 6.245 francos, ou seja, o equivalente a 11 mil euros e 24 mil euros.

O esplendor chegou ao apogeu em 15 de dezembro de 1922, no aniversário de noventa anos do venerado patriarca. O jantar reuniu quarenta convidados. No menu: consomê Bortschok, tortinhas Agnès Sorel, suflê de linguado Nantua, frango Périgord, sem falar das trufas ao champanhe, foie gras de Estrasburgo e salada Aïda. Para terminar: um sorvete veneziano.

A festa que se seguiu reuniu 273 convidados, com concerto e recitais. Passaram pelos palcos todos os grandes intérpretes da Ópera de Paris, da Comédie-Française e do Teatro de Odéon, além do compositor e pianista Gustave Fauré. O repertório incluiu Massenet, trechos de Offenbach e obras russas, Tchaikovsky, Rachmaninoff, Rimsky-Korsakov...

O outro grande evento anual da casa dos Eiffel era, em 12 de agosto, a festa de Santa Clara, o dia da filha amada. Era verão e os convidados, muitas vezes em férias, eram menos numerosos, especialmente porque as festividades aconteciam em Vevey, na propriedade suíça do cantão de Vaud, às margens do lago Léman. Novamente, as festas eram suntuosas: o barco da família, o *Walkyrie*, brilhava com todas as suas luzes, competições náuticas e concertos se sucediam. A filha mais velha de Eiffel ganhava joias de presente... "Você é o verdadeiro modelo de mulher, pois além das qualidades do coração você possui um espírito perspicaz, cuja influência benéfica se espalha sobre nós", declarou seu pai, em 12 de agosto de 1911. Claire estava fazendo 48 anos.

Os laços de Eiffel com o genro Adolphe Salles eram muito estreitos. Salles teve uma carreira brilhante na Société de la Tour, assim como na Société de Construction de Levallois-Perret – sem que Maurice Koechlin, projetista da torre Eiffel e principal engenheiro da empresa, ficasse ofendido. Muito pelo contrário. Foi graças a Koechlin que Adolphe Salles se tornou presidente do Crédit Commercial de France, em 1904.

Surdo e cada vez mais debilitado, o patriarca Eiffel sofreu um derrame cerebral em junho de 1923. Ele ainda teve forças para participar das comemorações de seu aniversário, mas morreu serenamente em 27 de dezembro. Dois dias depois, Adolphe Salles morreu repentinamente – uma coincidência cruel que pareceu um sinal do destino e atingiu duplamente Claire Eiffel.

Quando chegou a hora de abrir o testamento do construtor da torre Eiffel, ela recebeu os melhores elementos da herança. Além de parte do patrimônio financeiro em valores mobiliários (totalizando mais de 40 milhões de francos, ou mais de 120 milhões de euros atuais), o pai lhe havia reservado uma parte de sua fortuna antes de qualquer partilha, à qual se somaram a mansão na Rue Rabelais (8º arrondissement), a Villa des Tamaris, em Sèvres, nos arredores de Paris, e a Villa de Beaulieu, na Riviera Francesa.

Guardiã encarregada de zelar pelos arquivos da família, Claire desempenhou impecavelmente a função. O legado do pai estava garantido, com a Torre lhe conferindo uma espécie de eternidade. No entanto, o nome Eiffel deixou de ser carregado oficialmente na família, por falta de homens. Felizmente, as descendentes mulheres puderam agregar o nome Eiffel ao de seus maridos. A linhagem não se extinguirá tão cedo.

14

A torre Eiffel correu o risco de desaparecer?

Esse monumento prodigioso teve seu momento de glória parisiense e popularidade mundial. Embora menos celebrada, a torre Eiffel ainda é um marco em nossas memórias, quinze anos depois. Mas ela deve perecer da mesma forma que viveu: pelo excesso de sua grandeza. Tão alta e larga sobre seus quatro pés ciclópicos, ela exerce a seu redor a tirania de sua visão obsessiva e torna irrealizável qualquer cenário de graça e delicada sedução.

GEORGES MONTORGUEIL
(Relatório da Commission du Vieux Paris, 1903).

Não acham que o mundo ficaria surpreso de nos ver destruir o que para ele continua sendo um motivo de admiração?

JEAN-LUC PASCAL, arquiteto,
membro do Instituto (1903).

A torre Eiffel estava destinada a desaparecer. Destaque da Exposição Universal de 1889, ela seria demolida, como as demais construções. A cidade de Paris, sua proprietária, planejava desmontá-la depois de vinte anos, em 1909, ao fim do contrato de concessão assinado com Gustave Eiffel. Mas este último estava determinado a opor-se à desmontagem de sua obra de todas as maneiras possíveis...

A primeira missão de sua Torre era agradar ao maior número possível de pessoas e atrair visitantes em massa. Logo de início, a gigantesca atração alcançou com facilidade esse objetivo, atraindo 2 milhões de visitantes no primeiro ano. Mas depois desse grande surto de curiosidade, a frequência caiu drasticamente, registrando apenas 150 mil visitantes em 1899, dez anos depois da inauguração.

Felizmente, a Exposição Universal de 1900 se aproximava. Com isso em vista, Eiffel realizou uma série de melhorias: substituição dos milhares de bicos de gás por cinco mil lâmpadas elétricas, ampliação da área de recepção nos três andares (o público teria acesso inclusive à galeria superior do terceiro andar) e modificação do sistema de elevadores. Todos esses esforços foram recompensados por uma nova onda de visitantes, que em 1900 foram mais de um milhão.

Entretanto, esse número representava apenas metade do marco de 1889, argumentavam os críticos. Como contradizê-los? Depois de 1900, a frequência anual oscilou entre 120 mil e 250 mil pessoas. A magia da novidade se tornara inoperante. Mas pensar assim seria não levar em conta a energia e o orgulho, que beirava a megalomania, de Gustave Eiffel (1832-1923). Para ele, a Torre era uma obra fundamental da construção metálica mundial.

Em 14 de agosto de 1898, empresários americanos haviam tentado comprar a Torre, pagando o equivalente a seu preço de custo – financeiramente, um bom negócio para a França. O que eles pretendiam? Desmontá-la peça por peça, transportá-la de navio para a América Latina e instalá-la na costa do Pacífico, perto da cidade de Cobija, para ser usada como farol.

Eiffel, construtor de mil pontes e estruturas mundo afora, não podia aceitar a ideia de que a obra de sua vida fosse apenas uma realização efêmera. Seu desejo mais profundo era fazer com que esse monumento permanecesse para sempre, por ser tecnicamente extraordinário e simbolizar o excepcional savoir-faire francês em matéria de construção.

A torre mais alta do mundo deveria permanecer a torre mais alta do mundo pelo maior tempo possível (o que aconteceria até 1931, quando os americanos construíram seus primeiros arranha-céus). Ela foi construída em metal (ferro pudlado), matéria-prima dos engenheiros, não dos arquitetos. Por que não fazer com que ela permanecesse como uma criação de engenheiros, tornando-se um laboratório do progresso científico?

Na última fase de sua vida, depois de se aposentar como empreendedor em 1890, Eiffel decidiu dedicar sua Torre à experimentação científica. Ele conduziu estudos de física, astronomia, aerodinâmica, meteorologia, transmissões e também associou a Torre aos novos desenvolvimentos na aviação e na telegrafia. Sem falar na radiodifusão e na televisão, que ele não chegaria a ver, pois morreu em 1923.

Antes de convencer os outros sobre o uso científico da Torre, ele precisava ganhar tempo junto às autoridades políticas. A questão da manutenção ou demolição do monumento já se colocava em 1903, embora a concessão só expirasse seis anos depois. O prefeito do Sena encomendou dois estudos, um à Comission du Vieux Paris e outro ao comitê técnico da prefeitura do Sena.

A primeira comissão, que sempre defendeu o patrimônio e a preservação dos edifícios seculares da capital, pediu a destruição da Dama de Ferro. "Esse monumento prodigioso teve seu momento de glória parisiense e popularidade mundial. Embora menos celebrada, a torre Eiffel ainda é um marco em nossas memórias, quinze anos depois. Mas ela deve perecer da mesma forma que viveu: pelo excesso de sua grandeza. Tão alta e larga sobre seus quatro pés ciclópicos, ela exerce a seu redor a tirania de sua visão obsessiva e torna irrealizável qualquer cenário de graça e delicada sedução". Uma maneira bonita de dizer que não valia a pena pensar em obras de embelezamento do Champ-de-Mars enquanto a Torre continuasse de pé. Sua demolição foi solicitada para o ano de 1910.

Quanto ao segundo estudo, ele se pronunciou a favor da manutenção da Torre, com uma extensão da concessão. Escrito pelo arquiteto Jean-Luc Pascal, membro do Instituto, ele enfatizava "o interesse de uma obra de construção única no mundo, e a curiosidade sempre renovada dos visitantes que voltam maravilhados com a vista a trezentos metros". Além de ser favorável às pesquisas científicas que ela possibilitava, o estudo acreditava que "o mundo ficaria surpreso de nos ver destruir o que para ele continua sendo um motivo de admiração".

Que decisão as autoridades locais deveriam tomar? Todos se envolveram na discussão: a Associação Francesa para o Avanço da Ciência protestou contra a desmontagem, assim como a Comissão de Vigilância da torre Eiffel e a Sociedade Francesa de Engenheiros Civis. Os moradores locais entraram no debate. Muitos haviam sido contrários à torre Eiffel. Dessa vez, por intermédio dos representantes dos 7º e 15º arrondissements, eles apresentaram uma petição para sua preservação.

Foi então que Gustave Eiffel teve uma ideia genial: em 15 de dezembro de 1903, ele ofereceu sua Torre ao ministro da Guerra para realizar experiências de telegrafia sem fio. Os militares ficaram entusiasmados com essa perspectiva. Finalmente, em maio de 1906, três anos antes do término do contrato, a torre Eiffel teve sua concessão prorrogada até 1915, mediante o aumento de sua contribuição financeira para a cidade de Paris. Esta foi a primeira de uma longa série de prorrogações, até hoje, pois a concessão foi renovada até 2032.

Nesse ínterim, a Torre passou por muitas provações. Como a Primeira Guerra Mundial. O governo requisitou a construção, imediatamente mobilizada contra a Alemanha. A Torre passou por essa experiência com todas as honras, provando sua utilidade estratégica ao prestar serviços essenciais. Os telegrafistas da Torre conseguiram interceptar as estações móveis alemãs, acompanhando o movimento no front. Em sua estação embaixo da Torre, eles interceptaram mensagens claras dos alemães e transcreveram seus movimentos. Quando perceberam uma brecha em seu dispositivo, depois da parada da cavalaria do general Von der Marwitz, o general Galliéni lançou uma grande operação motorizada, conhecida como "Táxis do Marne", em setembro de 1914, interrompendo o avanço alemão e garantindo a vitória da França em uma batalha histórica.

Durante a Segunda Guerra Mundial, outra grande provação, a Torre foi ocupada pelos nazistas, que nela instalaram o maior transmissor de televisão do mundo. Em 1944, Hitler deu ordens ao governador militar de Paris, o general Von Choltitz, para destruir esse monumento simbólico da França. O oficial alemão, porém, apaixonado por Paris, que havia visitado várias vezes antes da guerra, concordou com o presidente do conselho municipal, Pierre Taittinger, em só realizar destruições que fossem necessárias à segurança de suas tropas. Assim, a Torre foi salva de ser dinamitada e acabar no rio Sena.

A guerra da Argélia representou um novo perigo. Em 23 de setembro de 1958, uma turista encontrou explosivos no terceiro andar: um cilindro metálico de 30 centímetros de diâmetro conectado por fios a um segundo dispositivo, escondido atrás de um vaso sanitário. Ela soou o alarme. Os dois quilogramas de dinamite poderiam ter destruído as instalações de rádio e televisão no topo da Torre. Segundo a polícia de Paris, esse dispositivo costumava ser usado pela Frente de Libertação Nacional argelina.

Quatro anos mais tarde, logo antes da independência da Argélia, o chefe do serviço de explosivos da OAS (Organisation Armée Secrète, uma organização paramilitar que lutava pela manutenção da Argélia francesa), Philippe Castille, foi preso (em 13 de julho de 1962) na posse de um plano muito elaborado de explosão do pilar norte. Ao ser informado, o general De Gaulle perguntou: "Ela continuaria de pé com três pilares?". É muito provável que a Dama de Ferro desabasse sobre o Quai Branly, mergulhando de cabeça no Sena.

Com o retorno da paz, a Torre só precisaria enfrentar brincadeiras de mau gosto. Durante o noticiário de 1º de abril de 1960, um apresentador anunciou que a Torre seria desmontada e transferida, a fim de atravessar o Sena sobre a Pont d'Iéna. A pegadinha de 1º de abril causou grande comoção popular.

No início dos anos 1980, as obras de renovação levaram à venda de uma série de elementos, desde peças da estrutura até escadas inteiras. A carcaça do restaurante do primeiro andar foi vendida a uma empresa francesa de desmontagem: 1.100 peças foram revendidas a um bilionário americano que as montaria para construir um restaurante na Louisiana. Em 1982, 6,5 toneladas de vigas foram desmontadas durante os trabalhos de redução de peso. Elas foram então transformadas em vinte mil "lembrancinhas", vendidas em um cofre com um certificado de origem. Em 1º de dezembro, houve a venda de escadas. Vinte seções da escada helicoidal (160 metros de altura) ligando o segundo ao terceiro andar foram leiloadas. Potenciais compradores vieram dos Estados Unidos, Canadá, Japão e Suíça. Entre os compradores franceses estavam o cantor Guy Béart, o prefeito de Nogent-sur-Marne Roland Nungesser – que coleciona mobiliário urbano do século XIX – e o prefeito de Levallois-Perret (sede da empresa Eiffel), Patrick Balkany, que colocou um segmento de 2,75 metros de altura no pórtico de sua prefeitura.

15

A batalha do Marne foi vencida graças à Torre?

> *Proponho colocar minha Torre do Champ-de-Mars à inteira disposição do serviço de telegrafia militar. Também me ofereço para cobrir todas as despesas de instalação que possam ser necessárias aos experimentos. Ficarei muito feliz que minha obra possa beneficiar o serviço de telegrafia militar e servir a Defesa Nacional.*
>
> GUSTAVE EIFFEL, 15 de dezembro de 1903 (em uma carta ao Ministério da Guerra).

Em 1903, Gustave Eiffel teve uma ideia brilhante. Ele propôs ao capitão de engenharia Gustave Ferrié que a torre fosse utilizada para testar as aplicações militares da Telegrafia Sem Fio (TSF), precursora do rádio. Esse gesto, que ele apresentou como desinteressado, abriu caminho para as transmissões radiofônicas nos trinta anos seguintes e permitiu que a França se equipasse com o primeiro sistema de guerra eletrônica.

Na época, a principal preocupação do construtor da torre mais alta do mundo era salvar definitivamente seu monumento, construído em 1889, que deveria ser desmontado depois de vinte anos. Isso estava previsto no contrato firmado entre o Estado, a cidade de Paris e ele mesmo. A Torre pertencia à capital, e Gustave Eiffel era seu concessionário até 1909. Desde o início, sua exploração comercial se revelou bastante satisfatória. Centenas de milhares de visitantes subiam seus degraus para apreciar a vista incomparável, do primeiro ou segundo andar, e admirar a audácia sem precedentes de sua arquitetura metálica. O objetivo inicial foi alcançado: a única vocação da Torre era ser admirada e homenagear de maneira espetacular – e, a bem dizer, magistral – os cem anos da Revolução Francesa.

Mas para que mais ela poderia servir? Passados os primeiros anos de euforia, muitos se perguntavam isso, tanto entre os parisienses quanto entre os políticos. Depois de uma Exposição Universal, era costume desmontar a maioria das estruturas, se não todas, construídas para a ocasião. Já em 9 de julho de 1903, a Commission du Vieux Paris, composta por defensores fervorosos da preservação do patrimônio, propôs a demolição da torre Eiffel ao término da concessão. Gustave Eiffel, no entanto, apaixonado pela ciência e pela técnica, não pretendia deixar isso acontecer. Ele estava imerso no extraordinário fervilhar de invenções do último quarto do século XIX. E teve o privilégio de receber no topo de sua torre, no verão de 1889, o grande inventor americano Thomas Edison, considerado um verdadeiro gênio vivo. Portanto, não lhe faltavam ideias a testar, experimentos a realizar, projetos a lançar.

Depois do escândalo do Panamá (1890-1893), consecutivo à falência da empresa de construção do canal que ligaria diretamente a Europa aos Estados Unidos, sua reputação ficou manchada. Eiffel decidiu encerrar sua carreira como homem de negócios. Ele se aposentou para se dedicar à defesa e à promoção de sua "Torre do Champ-de-Mars", como ele a chamava.

Inicialmente, ele organizou seus próprios experimentos no âmbito das pesquisas aeronáuticas e da resistência dos materiais ao ar. Rapidamente, porém, ele percebeu que, para ter uma maior repercussão e, acima de tudo, acelerar o uso científico da Torre, deveria delegar essa responsabilidade a outros, e mesmo emprestar gratuitamente suas instalações. Ele autorizou inúmeros experimentos científicos, portanto, como observações meteorológicas e astronômicas. Em 1890, uma estação meteorológica foi instalada no topo da torre Eiffel. Em 1892, o físico Louis Cailletet conduziu experimentos de aerodinâmica lá. Em 5 de novembro de 1898, foi estabelecida a primeira ligação de Telegrafia Sem Fio (TSF) entre a Torre e o Panthéon. E nesse momento Gustave teve um pressentimento de que essa nova tecnologia seria rica em possibilidades, tanto no âmbito civil quanto militar.

Em 15 de dezembro de 1903, Gustave Eiffel ofereceu sua torre ao ministro da Guerra como suporte para experimentos de TSF. Ele escreveu ao comandante responsável por essa nova atividade militar: "Proponho colocar minha Torre do Champ-de-Mars à inteira disposição do serviço de telegrafia militar. Também me ofereço para cobrir todas as despesas de instalação que possam ser necessárias aos experimentos. Ficarei muito feliz que minha obra possa beneficiar o serviço de telegrafia militar e servir a Defesa Nacional".

Em 21 de janeiro de 1904, o ministério aceitou. O capitão Gustave Ferrié (1868-1932) foi encarregado de instalar as primeiras antenas na Torre e montar um posto de TSF.

Esse engenheiro se interessava pelo novo método de transmissão havia algum tempo. Descrito por seus subordinados como "impulsivo, altivo, severo", ele se tornou o artífice do rádio concebido como arma militar. Já em 1904, ele estabeleceu conexões a quatrocentos quilômetros de distância. Logo, a abrangência do transmissor daria um salto para quase 6 mil quilômetros, quatro anos depois.

Usada para transmitir rapidamente ordens e informações, a TSF foi inicialmente empregada durante a guerra no Marrocos, eufemisticamente chamada em 1908 de "campanha de pacificação". Conexões foram estabelecidas entre Paris e Casablanca. Equipadas com estações de TSF móveis, as tropas coloniais envolvidas no vale de Chaouia foram acompanhadas à distância. Depois, foi a vez de Argel receber os mesmos serviços. E a América do Norte foi alcançada no mesmo ano de 1908.

Em 6 de janeiro de 1909, a torre Eiffel se tornou um "posto de rede de comando". Ela se comunicava com as fortalezas do leste da França: Maubeuge, Toul, Verdun e Belfort. Em 1911, uma conexão foi estabelecida entre a França e a Rússia, possibilitando excelentes comunicações. A partir de 1912, a Torre começou a dar a hora para o mundo, com "sinais" hertzianos enviados para os navios no mar.

Gustave Ferrié, que compartilhava com Eiffel o senso de comunicação em todas as acepções do termo, teve a ideia de permitir ao público visitar as instalações de seu posto subterrâneo instalado ao pé da Torre, a fim de apresentar as primeiras ligações por rádio. Amadores e curiosos da região parisiense acorrem em grande quantidade. Ter à disposição a antena mais alta do mundo encheu Ferrié de orgulho. Ele também compreendeu a importância crucial de possuir a instalação mais desenvolvida possível. A grande antena era composta por seis cabos de mais de quatrocentos metros de comprimento. Eles partiam do topo da Torre e desciam em diagonal até o solo, amarrados por cabos ligados às árvores da Avenue de Suffren (7º arrondissement). Depois, eram reunidos em um único cabo que se conectava ao coração da "Estação radiotelegráfica militar do Champ-de-Mars", conforme indicava o painel de boas-vindas aos visitantes.

Quando o conflito de 1914 com a Alemanha eclodiu, nos primeiros dias de agosto, o ministro da Guerra, Messimy, fez várias visitas à torre Eiffel, que era guardada dia e noite e estava cercada de paliçadas, para encontros com Ferrié. Decidiu-se transformar a Torre em um posto de observação militar e foi ordenado que tudo fosse feito para tirar o melhor partido possível das escutas do inimigo.

Entre os 7 mil telegrafistas mobilizados, havia um chamado Jean Poncin, que escreveu suas memórias (publicadas somente em 2016). Nascido dois anos depois da construção da Torre, esse homem da província só a descobriu em outubro de 1913, quando começou a fazer sua formação como receptor. Depois de se formar no ensino médio, esse jovem "um pouco geek", diríamos hoje, trabalhou no serviço telegráfico dos correios de Troyes. Convocado para o serviço militar em 1912, ele ingressou no 8º Regimento de Engenharia de Mont Valérien (poucos quilômetros a oeste de Paris) e se juntou a uma nova companhia especializada em rádio. Foi designado para a estação da torre Eiffel e se tornou um colaborador muito próximo do tenente-coronel Gustave Ferrié.

Fechado dia e noite embaixo da torre Eiffel, Poncin se tornou um especialista no "Sounder", o aparelho de recepção telegráfica no qual os sinais em código Morse eram traduzidos em sinais acústicos. O telegrafista ocupava a melhor posição para acompanhar o início da Primeira Guerra Mundial. A ele e seus colegas foi confiada a pesada tarefa de ouvir as tropas alemãs. A torre Eiffel se tornou um grande serviço de escuta. Um feito mundial inédito.

Desde os primeiros dias, esses soldados obtiveram bons resultados e conseguiram seguir as pequenas estações móveis alemãs no front. Como resultado, foi solicitado que intensificassem seu trabalho. Isso era muito desgastante mentalmente, observou Poncin, porque uma incrível cacofonia reinava na zona de escuta da Torre. A frequência dos deslocamentos das estações móveis alemãs permitia acompanhar a rapidez de sua progressão.

No final de agosto de 1914, a batalha das fronteiras se revelou um desastre para o exército francês. A retirada foi ordenada. As tropas tricolores recuaram. Seus comandantes estavam preocupados. Os habitantes do Marne testemunharam a passagem de refugiados belgas, seguidos pelos que vinham das Ardenas, empurrados pelas tropas alemãs, que alcançaram o norte do Marne. Reims foi tomada na noite de 3 de setembro.

Na Torre, Jean Poncin acompanhava – graças às suas escutas – os intensos combates travados pelos dois lados em torno de Péronne (Somme), lugar vencido, perdido, depois reconquistado e perdido novamente, durante dias e dias. Os soldados saíram exaustos.

No front, o calor era pesado, opressivo. Semana após semana, os batalhões alemães avançavam. Seu avanço estava oculto para o país. Na estação da torre Eiffel, porém, um mapa permitia seguir as batalhas e a evolução das linhas no front. O mapa ocupava uma parede inteira da sala de escuta. Foi elaborado com base em informações precisas e detalhadas coletadas pelos telegrafistas que se revezavam incansavelmente. Eles transcreviam as mensagens em código Morse dos alemães e as retransmitiam ao serviço de decodificação.

A Torre interceptou uma mensagem do general Von der Marwitz, cuja cavalaria cobria a asa direita do exército alemão. Seus cavalos estavam cansados, faltava forragem. Ele queria parar para aguardar o reabastecimento. Esses problemas logísticos abriram uma brecha no avanço fantástico do Kaiser. Pois o general Von Kluck, ao perseguir o exército francês para o sul, ampliou a abertura nas linhas alemãs. Esse movimento foi detectado pelos observadores aéreos franceses.

O general Galliéni mobilizou todos os meios de transporte da capital para levar 5 mil homens para o leste de Paris. Foi a primeira operação motorizada da história, que ficaria registrada nos anais como "a batalha dos táxis do Marne".

Os soldados vindos das guarnições da capital chegaram primeiro ao Oise, depois de percorrerem cerca de cinquenta quilômetros. A contraofensiva de Joffre foi lançada. Ela surpreendeu Von Kluck em seu flanco direito, obrigando-o a recuar. Por mais de 150 quilômetros, os exércitos franceses contra-atacaram. Os combates duraram até 9 de setembro e deram a vitória à França.

Em seu abrigo subterrâneo, Jean Poncin percebeu, no dia anterior, que a batalha estava tomando um rumo muito favorável. Em 8 de setembro, à tarde, ele de fato notou "o grande silêncio" das estações de rádio alemãs Telefunken: suas transmissões cessaram abruptamente, sinalizando que o front se estabilizava. E ele assim permaneceu por muitos e muitos anos.

Com o sucesso alcançado, Ferrié – promovido a general – deu continuidade à sua grande obra. Ao lado de seus engenheiros telegrafistas, que eram 55 mil em 1918 (quando do armistício, embora fossem apenas 7 mil durante a mobilização geral), ele monitorava os navios alemães no Báltico e os terríveis zepelins que atacavam a Inglaterra, país aliado. Enquanto isso, os aviões franceses encarregados de defender Paris recebiam instruções sem código, graças à Torre. Uma ligação de rádio permanente foi estabelecida em 1915 com outro grande aliado da França, cuja entrada na guerra era esperada: os Estados Unidos.

A torre Eiffel, cujos efetivos haviam quadruplicado em quatro anos, pode se orgulhar de ter tratado quase 50 milhões de palavras ao longo da Primeira Guerra Mundial. Entre elas, uma mensagem enigmática: "A.21 partiu para um tratamento". Depois de interceptar esse código, o centro de transmissão da torre Eiffel alertou os serviços de contraespionagem, que foram encarregados de decifrá-lo. Isso levou à prisão de Mata Hari, uma dançarina de nome hindu, filha de um chapeleiro holandês, Margaretha Geertruida Zelle, suspeita de trabalhar para a Alemanha.

No fim, segundo o general de divisão Yves-Tristan Boisson, que comandou a Escola de Transmissões de 2012 a 2015, a TSF militar salvou a torre Eiffel. Em troca, ao desempenhar um papel inesperado na criação do primeiro sistema de guerra eletrônica da França, a Torre conferiu ao país uma vantagem indiscutível sobre a Alemanha, contribuindo para sua vitória final.

16

A torre Eiffel foi usada como suporte publicitário?

Seu nome, com 30 metros de altura, em letras de fogo no suporte mais ilustre [...] visível em um raio de 50 quilômetros [...]
Nenhum anúncio jamais terá uma audiência tão ampla!
Proposta de FERNAND JACOPOZZI
para André Citroën, em 1925.

Quando uma chama vermelha irrompe no topo [...], logo seguida pelo piscar de inúmeras e brilhantes estrelas e pelo surgimento de línguas de fogo na estrutura de ferro, um imenso grito de admiração se elevou da multidão.
Le Petit Parisien, julho de 1925.

E se a torre Eiffel se incendiasse todas as noites para uma grande marca de automóveis? Esse sonho de mau gosto se tornou realidade. A prestigiosa Dama de Ferro, que é o orgulho da capital desde sua construção em 1889, foi de fato desviada de sua função como emblema de Paris. Entre 1925 e 1934, o monumento foi privatizado durante a noite por uma grande fabricante de automóveis francês, a Citroën. Durante nove anos, a marca se beneficiou de uma espetacular operação publicitária: as sete letras de Citroën – C.I.T.R.O.E.N. – e seu emblema de dois V invertidos foram exibidos entre o primeiro e o terceiro andar do monumento. Esse gigantesco dispositivo foi instalado durante a Exposição Internacional de Artes Decorativas de 1925 e foi exibido até 1934, pouco antes da falência da empresa.

Na origem dessa história incrível se oculta um personagem fora do comum: Fernand Jacopozzi (1877-1932). Nascido em Florença, primogênito de uma família de onze filhos, Jacopozzi chegou a Paris em 1900, onde começou decorando vitrines com lâmpadas para as festas de Natal. A seguir, ele se dedicou à iluminação dos primeiros Salões do Automóvel (de 1902 a 1907), que aconteciam no Grand Palais.

Depois ele mudou completamente de ramo, criando uma falsa Paris alguns meses antes do fim da Primeira Guerra Mundial. O que era isso? A DCA, encarregada da defesa da capital contra os ataques aéreos alemães, teve a ideia, em 1918, de criar uma Paris falsa, iluminada à noite, para enganar o inimigo. Jacopozzi deveria criar esses cenários em tamanho real.

A área de Orme de Morlu, a nordeste de Saint-Denis (a alguns quilômetros da capital), foi escolhida porque possuía um meandro do rio Sena semelhante ao que atravessava Paris. O "mágico da luz" imaginou uma primeira instalação, gigantesca, representando uma falsa cidade de Saint-Denis, uma falsa Aubervilliers, falsas estações (Gare du Norte e Gare de l'Est), bem como diferentes fábricas. Ele tinha em seus planos a reprodução da ferrovia da Petite Ceinture (que circunda Paris) e dos Champs-Élysées, a ser instalada em outra área desabitada (localizada a noroeste de Paris).

No entanto, todo esse gigantesco dispositivo, muito complexo de ser realizado e iluminado, só ficou pronto depois do último ataque alemão a Paris, em 1918. Mas a lenda em torno de Fernand Jacopozzi só cresceu e prosperou. Com a proximidade da Exposição de Artes Decorativas de 1925 em Paris, a Société de la Tour Eiffel decidiu iluminar novamente o monumento (como havia feito para a Exposição Universal de 1900), mas de forma artística. Os pintores Fernand Léger e Raoul Dufy foram consultados, bem como Jacopozzi.

Este último logo imaginou um espetáculo luminoso excepcional, composto de uma série de quadros realizados com dezenas de milhares de lâmpadas de todas as cores. Era preciso dotar a Cidade Luz de uma tocha à sua altura. Para convencer seus interlocutores, ele apresentou, em meio a uma escuridão total, uma maquete da torre Eiffel de sua autoria, com três metros de altura e cheia de efeitos luminosos...

A Comissão de Belas Artes e a cidade de Paris acabaram aprovando a ideia, mas se recusaram a financiar a operação: Jacopozzi precisaria encontrar um patrocinador. Que não fosse por isso. O florentino visitou o fabricante de automóveis Louis Renault, que recusou o auxílio. Ele então abordou André Citroën: mesmo resultado negativo. No entanto, quando este soube que Ford, seu grande rival, teria dito sim, ele acabou aceitando a oferta de Jacopozzi. Ela era extremamente atraente: "Seu nome, com trinta metros de altura, em letras de fogo no suporte mais ilustre [...] visível em um raio de cinquenta quilômetros [...] Nenhum anúncio jamais terá uma audiência tão ampla!".

Isso caía bem para Citroën, prestes a se tornar o principal fabricante de automóveis da Europa. O dono da empresa estava cheio de ideias para popularizar sua marca e fazer com que as pessoas desejassem comprar seus carros. Ele tinha acabado de organizar, durante o inverno de 1922-1923, a primeira travessia de automóvel do Saara com veículos equipados com esteiras. No ano seguinte, em outubro de 1924, ele lançou o Cruzeiro Negro, uma expedição de oito meses pelo continente africano. Enquanto o mercado automotivo na França crescia, com uma frota de 900 mil veículos em 1926 (contra apenas 100 mil em 1918), André Citroën lançou uma empresa de táxis para ajudar seus clientes em dificuldades (pneus furados, avarias ou acidentes).

Para financiar seu desenvolvimento acelerado, a empresa planejava recorrer às economias da população. Pagar por um gigantesco letreiro luminoso significava associar seu nome a um símbolo popular, representando modernidade, audácia e domínio tecnológico. Citroën, que queria conquistar o coração dos franceses mais ricos e empreendedores, adquiriu assim uma imagem de cidadania e prestígio científico.

Tecnicamente, a operação se revelou complexa. O circuito elétrico era composto por noventa quilômetros de cabos que se conectavam a cerca de 250 mil lâmpadas. A potência de alimentação necessária era de cerca de 1.200 kW. Para se ter uma ideia, isso representa aproximadamente 1.600 cavalos (CV), a potência de um dos carros mais rápidos do mundo hoje em dia. Mas isso era necessário para fazer brilhar letras que mediam, cada uma, trinta metros de altura, e dar vida a dois V invertidos que se acendiam em uma superfície de 1.200 metros quadrados!

Em 4 de julho de 1925, às 22 horas em ponto, "Quando uma chama vermelha irrompe no topo [...] logo seguida pelo piscar de inúmeras e brilhantes estrelas e pelo surgimento de línguas de fogo na estrutura de ferro, um imenso grito de admiração se elevou da multidão", relatou o jornal *Le Petit Parisien* (antecessor do *Parisien libéré*, de Émilien Amaury), que observou a presença de milhares de curiosos "vindos de todos os bairros de Paris".

O homem que concebeu essa iluminação de novo tipo, Jacopozzi, planejou um verdadeiro espetáculo, durante o qual nove quadros se sucederam, exibindo luzes brancas, chuvas de estrelas azuis... Viram-se arabescos, cometas se formando. Um show de fogos de artifício como jamais se vira. Tudo isso em quarenta segundos.

As obras começaram apenas um mês depois da abertura da Grande Exposição de Artes Decorativas, em 27 de maio. E duraram um pouco menos de quarenta dias. Para André Citroën, a conta chegou a 600 mil francos (o equivalente a 500 mil euros hoje), apenas pelo trabalho de instalação e pelos honorários do genial Jacopozzi. Mas a cidade de Paris não lhe emprestou sua Torre gratuitamente: o aluguel anual era de 350 mil francos, somando-se a isso 300 mil francos em taxas de publicidade luminosa. No total, o fabricante de automóveis desembolsou cerca de 1,25 milhão de francos apenas no primeiro ano, o que equivale a mais de um milhão de euros.

Mas as repercussões foram consideráveis. Escrever em letras douradas o nome Citroën na torre mais famosa do mundo – e a mais alta, até o Chrysler Building (1930), e depois o Empire State Building (1931), em Nova York, a superarem – proporcionou à empresa dos V invertidos uma notoriedade internacional. E o momento foi ideal, pois o carro se tornou o bem de consumo que mudaria a vida das pessoas.

Naquela época, a Citroën aumentou sua presença comercial na capital, com um verdadeiro "palácio de exposições" inaugurado em 30 de setembro de 1931 (no mesmo dia que o Salão do Automóvel), perto da Gare Saint-Lazare, que complementava suas vitrines nos Champs-Élysées e na Place de l'Opéra. Em 1926, a marca também reestruturou sua base industrial, modernizando a fábrica de Saint-Ouen e estabelecendo novas unidades de produção em Clichy e no cais de Grenelle, no 15º arrondissement de Paris.

Além disso, pela primeira vez a Citroën decidiu recorrer diretamente às economias da população, emitindo ações para serem adquiridas por pessoas físicas. Todos os concessionários foram mobilizados. A bagatela de 150 milhões de francos, o equivalente a mais de 127 milhões de euros, foi assim reunida.

Toda uma engrenagem foi posta em movimento e a torre Eiffel contribuiu com sua reputação de monumento genial. De modo que esse evento publicitário sem precedentes foi renovado ano após ano. O desafio para a equipe de artistas iluminadores era ser capaz de se renovar e surpreender a cada temporada.

Em 1926, Jacopozzi teve a ideia de uma fonte luminosa: seus técnicos adicionaram milhares de lâmpadas para criar cascatas cintilantes. Elas simulavam água jorrando e caindo em cachoeiras.

No ano seguinte, a decoração se inspirou em raios e relâmpagos, que percorriam quatrocentos metros de zigue-zagues, depois a Torre parecia se incendiar, tomada pelas chamas... No mesmo ano, a Citroën convidou Charles Lindbergh, que realizou o primeiro voo Nova York-Paris, para comemorar seu feito. Para a ocasião, o aviador americano escreveu – com muita cortesia – no Livro de Ouro da empresa que a iluminação da torre Eiffel o havia guiado de longe, no final de sua travessia do Atlântico!

Em 1928, Jacopozzi concebeu um gigantesco relógio. A Citroën informava a hora aos parisienses com dois telões luminosos de vinte metros de diâmetro, com ponteiros de nove metros de comprimento. No outono, os dois modelos da marca, o 4 e o 6, tiveram o privilégio de serem exibidos em 30 metros de altura. Em 1934, um gigantesco termômetro de 160 metros de altura permitia a todos ver a temperatura ambiente.

Jacopozzi entrou para a História como "o mágico da luz". Graças ao sucesso obtido com suas iluminações na torre Eiffel, ele a seguir realizaria a iluminação dos maiores monumentos de Paris: Arco do Triunfo, Place de la Concorde, Coluna Vendôme, fachada da Ópera, avenida Champs-Élysées. A Catedral de Notre-Dame também não escapou, já que ele concebeu, em 1930, uma iluminação indireta do edifício, escondendo suas lâmpadas atrás das cornijas, a pedido do cardeal de Paris, monsenhor Verdier.

Depois de Gustave Eiffel, a Torre ganhou um novo brilho graças a duas personalidades intensas e vibrantes: Fernand Jacopozzi, morto em 1932, e André Citroën, morto em 3 de julho de 1935, seis meses depois da liquidação judicial de sua empresa. Desde então, nunca mais houve operações publicitárias dessa amplitude e natureza.

"A operação Citroën foi muito marcante à época", reconheceu, em abril de 2018, a diretora-geral da Société d'Exploitation de la Tour Eiffel, Anne Yannic. "Somos constantemente solicitados para a realização de operações semelhantes. No entanto, não repetiríamos algo assim nos dias de hoje. Pois existe um amplo consenso político para que a Torre não seja usada como suporte publicitário. A Torre, hoje, é a imagem do país, da cidade, um símbolo político usado para mensagens de solidariedade, alegria e compaixão."

17

A televisão francesa deve tudo à torre Eiffel?

> *Na Télé-Paris, cruzamos com o pai de Johnny Hallyday, diretor de cena, com o jovem Mouloudji, com o coreógrafo Serge Lifar e com o ator Jacques Dufilho [...] É o emissor da torre Eiffel que permite a transmissão de sua programação na França e na Alemanha.*
>
> EMMANUEL LEMIEUX,
> *On l'appelait Télé-Paris, l'histoire secrète de la télévision sous l'Occupation.*

De 30 de setembro de 1943 a meados de agosto de 1944, os alemães transmitiram da torre Eiffel a emissora *Fernsehsender Paris*, Télé-Paris. Na abertura, aparecia a imagem da Torre, com o nome alemão dessa emissora de televisão destinada aos soldados feridos, que eram tratados nos hospitais. A melodia da canção "Sur le pont d'Avignon" era uma das trilhas dos programas. Também se ouvia "La tour Eiffel est toujours là", cantada por Mistinguett. Os estúdios ficavam em Paris, no número 13-15 da Rue Cognacq-Jay, em uma antiga pensão familiar bem próxima do Champ-de-Mars e da torre Eiffel, onde estava localizado o transmissor mais potente do mundo.

Diariamente, doze horas de programas de entretenimento eram transmitidas: curtas e médias-metragens, dramas, números de circo, concertos. Além de notícias do Reich, vindas de Berlim. Os parisienses geralmente ignoravam a existência desse canal em alemão, captado apenas por cerca de trezentos receptores Telefunken instalados em instituições de saúde da região parisiense, assim como no Hotel Majestic, onde ficavam os oficiais nazistas encarregados da propaganda.

A ideia de utilizar a estrutura da Torre para transmitir programas de televisão não era nova. Inicialmente, em novembro de 1935, um transmissor provisório com potência de 2 kW (logo aumentado para 10 kW) foi instalado. Ele permitiu a transmissão dos primeiros programas da televisão pública francesa, a partir de um estúdio localizado no ministério dos Correios e Telecomunicações, na Rue de Grenelle (7º arrondissement de Paris).

Tornando-se uma grande antena de televisão a partir de 1937, com um transmissor de 25 kW, a torre Eiffel transmitiu, em 1939, quinze horas de programas por semana, para os trezentos receptores franceses então em operação. O canal de televisão da Radiodiffusion Nationale era transmitido a partir de um emissor localizado na base da Torre e conectado a antenas fixadas no topo.

Este transmissor foi sabotado pelos franceses em 6 de junho de 1940, oito dias antes da entrada das tropas alemãs na capital. Símbolo de Paris, a Torre não deveria servir à Alemanha nazista. Com a mesma intenção, os elevadores foram sabotados, assim como as instalações de rádio. Quanto à bandeira tricolor, ela desapareceu de seu mastro. Para assumir o controle do transmissor, os soldados da Wehrmacht precisaram subir a pé os 1,7 mil degraus, como no dia da inauguração da Torre ao público, em 15 de maio de 1889.

Quando Adolf Hitler visitou Paris durante o inverno de 1940-1941, ele não subiu na Torre que detestava. Ele sofria de asma e tinha apenas algumas horas para essa visita rápida. Portanto, ele se contentou em observar a torre Eiffel da esplanada do Trocadéro, do outro lado do Sena. Uma foto famosa o mostra batendo o pé em solo parisiense; ele odiava a Torre e deixava isso bem claro. Sob o primeiro andar, uma enorme faixa dizia "*Deutschland siegt auf allen Fronten*" ("A Alemanha vence em todas as frentes"), acima dela, um gigantesco "V" da vitória desafiava a Inglaterra, que seguia lutando. Uma bandeira nazista tremulava no topo. Durante a Ocupação, somente os soldados alemães tinham permissão para subir seus degraus e apreciar a vista.

Ao tomar posse da Torre em 1940, os líderes nazistas inicialmente pretendiam desmontar completamente o transmissor para reaproveitar os metais. No entanto, alguns oficiais alemães defendiam seu conserto, argumentando que ele poderia interferir nas comunicações dos aviões britânicos e distrair os soldados alemães feridos e hospitalizados.

Entre esses líderes, dois personagens principais: Alfred Bofinger, encarregado de lançar uma estação de rádio de propaganda, Radio Paris, e o ex-diretor de programas da televisão berlinense, Kurt Hinzmann. Este último, antigo locutor esportivo, já havia se destacado em 1936, durante a transmissão ao vivo dos Jogos Olímpicos de Berlim. Cinco anos depois, ele foi encarregado de elaborar programas de propaganda em inglês e criar uma televisão alemã para distrair os feridos de guerra, à semelhança da que funcionava em Berlim desde a primavera de 1941, a partir de um estúdio instalado no estádio olímpico.

Hinzmann conseguiu convencer a administração alemã, e depois a francesa, a financiar o conserto do transmissor da torre Eiffel. A *Reichspost* (literalmente: o correio do Império) e a Radiodiffusion de Vichy assumiram essa tarefa. O investimento valeria a pena.

Depois de vários meses de negociações e trabalhos, a torre Eiffel voltou a operar em 20 de maio de 1942, depois de três anos sem transmissões. Seus novos sinais foram imediatamente detectados do outro lado do canal da Mancha pela estação de escuta de Beachy Head. Para obter uma melhor qualidade de recepção, os ingleses construíram uma enorme antena estendida entre duas torres de madeira com mais de trinta metros de altura, operacional em 25 de julho de 1942.

À frente do *Fernsehsender Paris* (Télé-Paris), Kurt Hinzmann se revelou um líder atípico. Mobilizado em 1941, este oficial da Wehrmacht pediu para ser enviado para Paris, onde se distanciou das autoridades nazistas, empregando uma orquestra permanente de 24 músicos de jazz – arte "degenerada" reprovada pelo regime. Seus programas de entretenimento não continham propaganda. Eles eram realizados por uma equipe de 120 pessoas de vinte nacionalidades diferentes, onde se encontravam atores, cantores e técnicos. Entre eles, refratários ao Serviço de Trabalho Obrigatório (STO), prisioneiros franceses fugitivos, membros da resistência e anarquistas. Essa televisão parisiense logo se tornou um "esconderijo", emitindo atestados para escapar do STO e abrigando judeus.

A Télé-Paris era frequentada pelo diretor Léon Smet (pai de Johnny Hallyday), pelo cantor estreante Mouloudji, pelo ator monarquista legitimista Jacques Dufilho, pelo coreógrafo Serge Lifar e pelo ator americano-suíço Howard Vernon, apresentador principal da estação.

Antes de estabelecer seus escritórios e estúdios na Rue Cognacq-Jay, Kurt Hinzmann realizou seus primeiros testes bem ao lado da Torre, na antiga embaixada da Tchecoslováquia. Em seguida, visitou vários locais prestigiosos: o Théâtre des Champs-Elysées, o teatro George-V, o Palais de Tokyo, antes de tomar sua decisão.

Os estúdios da Rue Cognacq-Jay foram inaugurados em 30 de setembro de 1943, depois de testes em escala real realizados quatro meses antes. Era um verdadeiro centro de atividades fervilhante, onde de doze a catorze horas de programação foram montadas diariamente até 16 de agosto de 1944.

Depois do desembarque na Normandia, Hitler percebeu que teria que abandonar Paris. Com sua partida, a capital francesa deveria ser reduzida a um "campo de ruínas". O governador militar da "Grande Paris", Dietrich von Choltitz, foi encarregado de explodir os grandes edifícios da capital, inclusive a torre Eiffel. Estava previsto que esta cairia sob o efeito de cargas explosivas colocadas em seus pilares e vigas, bloqueando o rio Sena. Felizmente, a ordem não foi executada e a Torre foi salva da destruição. Ela foi "libertada" pelos membros da Resistência em 25 de agosto de 1944.

Naquele dia, dois grupos competiram para chegar primeiro ao topo. Liderados pelo capitão Sarniguet, alguns bombeiros do 7º arrondissement descobriram que três marinheiros do museu da Marinha, localizado bem em frente, na esplanada do Trocadéro, tiveram a mesma ideia. Bombeiros e marinheiros levaram dezoito minutos para escalar os 1,7 mil degraus, uma verdadeira façanha. No final, uma enorme bandeira tricolor, composta por três lençóis, flutuou novamente a trezentos metros de altura.

Em 1º de outubro de 1944, as transmissões de televisão puderam ser retomadas. As instalações do canal parisiense voltaram para o controle francês. Os estúdios permaneceram na Rue Cognacq-Jay. Gerações de telespectadores se lembrarão da frase "À vous Cognacq-Jay!", que encerrava as transmissões, na hora de desligar o sinal.

A história de Kurt Hinzmann com a França continuou no pós-guerra. Em 1946, ele voltou a trabalhar com tecnologia de televisão na região parisiense: no laboratório de Corbeville da Companhia de Contadores, com dezessete engenheiros alemães. Depois de se recusar a destruir com dinamite o transmissor da torre Eiffel, Hinzmann fugiu de Paris em um caminhão fornecido pela Resistência, para devolver as câmeras de televisão à *Reichspost*. Ao retornar à Alemanha, ele conseguiu trabalhar para a Telefunken, enquanto se escondia com amigos, pois a Gestapo o procurava por dezenove acusações, incluindo a proteção a gaullistas e comunistas...

Depois da capitulação alemã, em 8 de maio de 1945, os serviços secretos franceses o convocaram para ajudar no renascimento da televisão nacional. O pró-europeu Jean Monnet, então encarregado de relançar a economia como comissário de Planejamento, pretendia dedicar 4 bilhões de francos à fabricação de mil câmeras e quinhentos transmissores. Além daquele da torre Eiffel.

A história de amor entre a torre Eiffel e a televisão teve novos avanços em 1953, durante a coroação da rainha Elizabeth II da Inglaterra. A cerimônia foi transmitida – pela primeira vez – pela Eurovisão a partir das instalações da Torre. Quatro anos depois, esta recebeu uma nova antena, alcançando 318 metros de altura. Em 2000, uma nova antena elevou a torre Eiffel para a altura atual de 324 metros. Contando com várias dezenas de antenas em seu topo, ela transmite, desde 2005, a Televisão Digital Terrestre (TDT) em Paris.

18
A torre Eiffel sempre foi um sucesso?

> *Eu sinceramente adoro a torre Eiffel, essa enorme massa de metal e seu lado um pouco punk, atemporal... Perdida no meio da cidade, ela parece uma plataforma flutuando em pleno mar.*
>
> JEAN-PIERRE JEUNET, cineasta.

> *A França é a torre Eiffel e Jacques Chirac.*
>
> MICHÈLE ALLIOT-MARIE, ex-ministra
> (Prêmio de Humor Político em 2007).

Na noite de 28 de setembro de 2017, várias festividades ocorreram na torre Eiffel. Havia música em todos os andares, com percussão na esplanada, um DJ instalado no primeiro andar e uma banda de jazz composta por excelentes trompetistas no segundo, bem como um quarteto de flautas no terceiro. Além disso, um excepcional show de luzes acontecia a cada meia hora até a meia-noite. Tudo isso para comemorar dignamente, naquela quinta-feira, a marca de 300 milhões de visitantes desde o nascimento da Torre em 1889.

Esse número é de fazer sonhar. Um cálculo rápido sugere que a torre Eiffel recebeu, em média, quase 2,5 milhões de visitantes por ano! Mas a história da visitação a esse monumento parisiense – o quarto mais visitado depois da catedral de Notre-Dame de Paris, da basílica de Sacré-Cœur e do Museu do Louvre – não é como um longo rio tranquilo. Na verdade, ela teve muitas reviravoltas ao longo das décadas, ainda que seu poder de atração permaneça forte.

Desde o início, a torre Eiffel pareceu concebida para ser uma atração em massa. Colocada na entrada da Exposição Universal de 1889, que celebrava o centenário da Revolução Francesa, ela simbolizava com brilhantismo o sucesso científico e técnico de toda uma nação, da qual o engenheiro Gustave Eiffel era um representante exemplar, tendo construído centenas de pontes ferroviárias em todo o mundo.

Culminando a mais de trezentos metros de altura, ela era a torre mais alta já construída no mundo. E seu construtor, que financiou a obra por conta própria, esperava que ela lhe devolvesse o investimento e muito mais. Inicialmente, ele a propôs aos poderes públicos como uma realização capaz de causar comoção e surpreender os milhares de visitantes esperados. Com a vantagem adicional de possibilitar a descoberta de Paris e de sua região a partir de uma altura muito grande, oferecendo um panorama de 360 graus e uma vista que poderia chegar a oitenta quilômetros em dias muito claros.

Em seu primeiro ano de operação, a Torre atraiu quase 2 milhões de visitantes (exatamente 1.968.287 pessoas) entre 15 de maio e 30 de novembro de 1889. Como explicar esse sucesso tão fulgurante e massivo? Pela curiosidade fenomenal que a torre Eiffel suscitou desde que o projeto apareceu na imprensa, em 1884. A proeza tecnológica superava a compreensão das pessoas. Como um pilar erguido no céu conseguiria se sustentar? Suas fundações seriam suficientemente sólidas? Sua estrutura resistiria ao vento e às tempestades?

As perguntas eram numerosas, e Gustave Eiffel as respondia com prazer, pois era um vendedor extraordinário, que tinha o senso e o gosto da comunicação. Ele sabia tratar bem os jornalistas, que retribuíam a gentileza.

As imagens da construção da Torre (1887-1889) rapidamente invadiram jornais e revistas ilustradas. E não apenas na França, mas em todo o mundo. Em Paris, os habitantes assistiram, atônitos, a essa obra faraônica, concluída em tempo recorde: 26 meses.

Portanto, no momento da inauguração, a expectativa era enorme. No primeiro dia de visitas do público, em 15 de maio de 1889, 7 mil pessoas se aglomeraram para serem as primeiras a subir na torre Eiffel, pelas escadas, já que os elevadores ainda não tinham sido instalados. O primeiro destes visitantes destemidos foi um espanhol de vinte anos. Na fila, ele conheceu uma francesa que visitava a Torre como ele. Um romance se seguiu. A Torre parecia despertar o amor. Quem sonharia com um melhor presságio?

Naquele dia abençoado, os dez primeiros visitantes acessaram o monumento gratuitamente, os seguintes pagaram dois francos (o equivalente a oito euros de hoje) para subir ao primeiro andar. Custava cinco francos contemplar Paris do terceiro andar. E a subida dos 1.710 degraus custava 45 minutos aos mais corajosos. Ao fim da primeira semana de visitação, quase 30 mil pessoas tinham acorrido à exposição para conhecer aquela atração fascinante, que era unanimidade nos comentários deixados no local.

A ativação dos elevadores, atrasada por problemas técnicos, aumentou ainda mais as visitas. O primeiro elevador começou a funcionar em 26 de maio e o segundo uma semana depois. Em 10 de junho de 1889, a torre Eiffel teve seu recorde de visitação com 23.202 visitantes registrados em um único dia. O equivalente à população de uma cidade de tamanho médio se deslocava, movida pela curiosidade. E essa marca, alcançada em uma segunda-feira de Pentecostes, superava a do dia anterior (domingo, 9 de junho), que já alcançava 18.950 pessoas.

Seguindo essa tendência, no domingo, 16 de junho, a afluência foi tanta que a administração da Exposição Universal, em acordo com Eiffel, decidiu dobrar os preços pelo restante do evento. Mesmo assim, o sucesso não diminuiu. Deve-se dizer que a torre Eiffel se beneficiou naquele ano de um clima excepcional, com apenas 42 dias de mau tempo (chuva ou vento) até o final de novembro.

Quando chegou a hora de fazer as contas, é claro que a torre Eiffel se revelou um verdadeiro filão. Suas receitas líquidas ultrapassavam os 5,5 milhões de francos (cerca de 22 milhões de euros), incluindo ingressos, refeições nos restaurantes do primeiro e segundo andares e lembrancinhas vendidas. E sua construção tinha custado 8 milhões de francos a Gustave Eiffel.

Reconhecida mundialmente, a Torre atraiu imediatamente curiosos de todo o mundo e estudiosos (como Thomas Edison, prolífico inventor – com mil patentes registradas – pioneiro da eletricidade e do som). Ela não seria apenas um orgulho nacional que lavaria a vergonha de todo um povo depois da derrota contra a Prússia em 1870, mas o testemunho de uma realização humana excepcional no início da globalização das trocas tecnológicas.

Como seria de esperar, o entusiasmo popular caiu nos anos seguintes, com uma diminuição do número de visitantes até 1899. Na virada do século, porém, Paris organizou uma nova Exposição Universal. A torre Eiffel ressuscitou então, em 1900, recuperando o esplendor de sua inauguração. Mais de um milhão de pessoas a visitaram. Infelizmente, depois desse belo evento internacional, o desinteresse voltou a crescer. A Torre recebeu menos de 200 mil visitantes por ano nos primeiros anos do século XX.

A hipótese de sua desmontagem ressurgiu, já que a concessão fornecida a Gustave Eiffel por vinte anos deveria expirar em 1909. Como a maioria das instalações construídas para uma Exposição Universal, a Torre estava destinada à demolição. Mas o ativismo incessante de Eiffel mais uma vez deu frutos. Ele não apenas soube conferir à sua torre um alcance internacional como também fez com que ela se tornasse útil a cientistas de todos os tipos, bem como a oficiais de telegrafia militar. Além de ser um monumento surpreendente para os turistas, a torre Eiffel se tornou um laboratório de pesquisa único no mundo.

O prefeito do Sena e os especialistas a seu redor decidem salvá-la. Demoli-la seria pior que um erro: seria uma falha aos olhos dos engenheiros do novo século. E, de fato, ela demonstraria sua utilidade estratégica de observação e comunicação ao longo da Primeira Guerra Mundial. Fechada durante todo esse período, ela voltou a atrair o público assim que a paz retornou: 300 mil pessoas a visitam em 1919.

Grandes eventos, como a Exposição Colonial de 1931 e a Exposição Universal de 1937 reavivaram o interesse do público em geral.

A torre Eiffel foi novamente fechada em junho de 1940, às vésperas da entrada das tropas de Hitler em Paris. Ela só reabriria em 1º de junho de 1946, depois de quatro anos de ocupação alemã, seguidos por um longo período (de agosto de 1944 a maio de 1946) em que foi requisitada pelo exército americano. Em 1947, ela recuperaria um nível de visitação sem precedentes desde o início do século: mais de um milhão de visitantes.

A seguir, a Torre se beneficiou plenamente do boom do turismo internacional na segunda metade do século XX. Ela se estabeleceu como um dos principais locais turísticos da França e símbolo de Paris, colecionando recordes. Em 1953, seu visitante de número 25 milhões, um pedreiro vindo do Norte, recebe um carro de presente da Société de la Tour Eiffel. E não importava que ele não tivesse carteira de motorista... Seis anos depois, o marco de 35 milhões de visitantes foi alcançado. Vestido com toda a elegância, um menino de dez anos, também do Norte, foi homenageado. Em 1966, a Torre recebeu o visitante de número 50 milhões; em 1983, o visitante de número 100 milhões: uma mulher, Jacqueline Drouot. A afluência dobrou entre 1947 e 1963 (2 milhões de visitantes), depois triplicou em 2001, com 6 milhões de visitantes. Em 2007, o patamar astronômico dos 7 milhões foi alcançado, um feito repetido em 2014. Atualmente, a visitação gira em torno de 6 milhões de visitantes (5.841.026 visitantes em 2016).

A torre Eiffel se beneficia da atratividade de Paris para os americanos, latino-americanos e japoneses. Isso é reforçado pelo novo status de Paris, cidade com administração própria desde 1977, liderada por Jacques Chirac, um político proeminente. Este decidiu relançá-la a partir de 1980, confiando sua gestão à Société Nouvelle d'Exploitation de la Tour

Eiffel, que realizou grandes obras de renovação, modernizou as instalações e impulsionou sua comercialização. Em 1989, ela celebrou com brilho seu centenário.

O novo prefeito de Paris, Bertrand Delanoë, eleito em 2001 e em exercício até 2014, deu um novo impulso às atividades e ao acolhimento aos visitantes, confiando a gestão do monumento a uma nova entidade: a SETE (Société d'Exploitation de la Tour Eiffel). Foi nesse momento que o brilho noturno foi estabelecido.

A cada quinze anos, a torre Eiffel supera um novo marco de seu alcance internacional. Esse é um fato decisivo, pois três quartos de seus visitantes são turistas estrangeiros, enquanto muitos parisienses fazem questão de nunca a frequentarem. Em 2016, dos 5.841.026 visitantes, 17% vinham do interior, 7,5% da Île-de-France e 2,5% de Paris. O faturamento da SETE gira atualmente em torno de 80 milhões de euros (exatamente 77,8 milhões em 2016).

Coroando os sucessivos esforços de modernização, a Torre se tornou o monumento francês onde mais fotografias são compartilhadas, reinando no aplicativo Instagram, sinal distintivo de sua modernidade high-tech. Quem poderia acreditar nisso na época de sua construção?

19

A torre Eiffel atrai as façanhas mais loucas?

> *No fim das contas, a torre Eiffel não passa de uma grande escada.*
> ALAIN ROBERT, alpinista, em 31 de dezembro de 1996.

Proeza tecnológica com ares de atração quimérica, a Dama de Ferro atrai, em 15 de maio de 1899, dezenas de milhares de curiosos durante a abertura da Exposição Universal que comemorava o centenário da Revolução Francesa. Logo de início, ela se tornou o cenário de todas as extravagâncias, o palco de todos os delírios, acolhendo as façanhas mais insensatas.

Primeiramente, os personagens mais inesperados apareceram naquele verão para conhecer o incrível monumento e sua vista excepcional, desde os sioux do Wild West Show de Buffalo Bill, em turnê pela Europa, até o xá da Pérsia e os príncipes japoneses Yasuco, Takehito e Yorihito. A seguir, ela incitou todo tipo de façanhas improváveis, talvez porque ela própria representasse um desafio lançado ao mundo, permanecendo como a torre mais alta do planeta por quarenta anos – até ser destronada por dois arranha-céus construídos no início dos anos 1930 em Nova York: o Chrysler Building e o Empire State Building.

Já durante a Exposição de 1889, o aeronauta Louis Godard ofereceu um passeio de balão aos visitantes, para que pudessem ver a Torre de cima, a mais de trezentos metros de altitude. Ao seu fechamento, em 6 de novembro de 1889, cerca de cinquenta garotos se lançaram ao ataque de seus pilares, escalando-os pelo lado de fora, visto que os elevadores estavam parados. Realização vertiginosa, a torre Eiffel atraía os amantes de emoções fortes.

No início do século XX, o engenheiro brasileiro Alberto Santos-Dumont (1873-1932) conseguiu pela primeira vez completar um circuito contornando o monumento a bordo de um dirigível. Ele realizava o desafio proposto por um industrial francês, Henry Deutsch de la Meurthe, que havia estabelecido, em 24 de março de 1900 (com o Aéro-Club de France), um prêmio de 100 mil francos para o piloto de dirigível que circundasse a torre Eiffel em menos de meia hora, partindo das colinas de Saint-Cloud (na periferia oeste).

Na primeira tentativa, em 13 de julho de 1901, Santos--Dumont subiu em seu pequeno dirigível, batizado de "Número 5", e completou o percurso de cerca de vinte quilômetros em quarenta minutos. Dez minutos a mais do que o necessário. Assim, em 8 de agosto, ele fez uma segunda tentativa. No entanto, seu equipamento caiu no Grand Hôtel du Trocadéro, na Rue de l'Alboni, no 16º arrondissement de Paris. O intrépido aeronauta saiu ileso, mas seu dirigível foi destruído. O terceiro voo, em 19 de outubro de 1901, foi o certo: ele levou 29 minutos, mas não sem um grande susto. Ao se aproximar da Torre, seu balão quase foi projetado contra a plataforma do terceiro andar, onde estavam reunidos os visitantes. Por um triz, ele evitou o acidente e ganhou o cobiçado prêmio. A história conta que uma espectadora assustada teria dado à luz logo depois.

Depois disso, foi a vez dos aviões entrarem em cena. O primeiro sobrevoo ocorreu em 18 de outubro de 1909. Naquele dia, o conde Charles de Lambert (1865-1944) chegou à Torre a bordo de seu pequeno avião, um Wright Model A. Ele partiu de Port-Aviation em Juvisy (cerca de vinte quilômetros ao sul) e sobrevoou Paris a uma altura de apenas sessenta metros. Ele alcançou o Champ-de-Mars, depois seguiu pela Avenue La-Bourdonnais e pela Avenue Elisée-Reclus. Depois de passar pela Torre, ele subiu mais um pouco e desenhou um grande círculo antes de voltar para Juvisy. Tudo isso em menos de cinquenta minutos. Ele também foi homenageado pelo Aéro-Club.

Este voo espetacular marcou os franceses, que tinham celebrado alguns meses antes o feito histórico de Louis Blériot, autor da primeira travessia do canal da Mancha em julho de 1909. Essas façanhas seriam vistas como perigosas por muito tempo, como evidenciado pelo trágico acidente, em 24 de fevereiro de 1926, de um jovem aviador de 32 anos, Léon Collot. Este havia decidido passar com seu avião entre os pés da Torre, para impressionar seu irmão, que morava em um prédio próximo. Depois de fazer uma curva sobre o Trocadéro, ele desceu a aeronave e passou sob o arco da Torre. No entanto, ofuscado pelo sol, ele não viu os cabos de TSF e caiu no Champ-de-Mars.

Durante a Segunda Guerra Mundial, no verão de 1944, o piloto de guerra americano William Overstreet Jr.

(1921-2013) realizou um ato heroico. Escoltando um grupo de bombardeiros a bordo de seu Mustang, não muito longe de Paris, ele perseguiu um dos aviões alemães que tinham aparecido para atacá-lo. O piloto alemão mergulhou em direção à capital para se proteger das baterias de defesa antiaérea. Overstreet não deixou de persegui-lo, apesar dos tiros inimigos, e o Bf109 da Luftwaffe, em uma manobra desesperada, passou sob os pilares da torre Eiffel, onde o piloto americano conseguiu alcançá-lo e derrubá-lo, a seguir conseguindo escapar voando rente ao rio Sena. Uma cena digna dos melhores filmes de ação.

Um pouco mais de quarenta anos depois, poderíamos pensar estar novamente no cinema quando o piloto americano Robert Moriarty Jr., um veterano da Guerra do Vietnã, passou sob a torre Eiffel com seu Beechcraft Bonanza, em 31 de março de 1984, *just for fun* ("só por diversão"), depois de ter sido eliminado de uma corrida aérea.

A mesma façanha foi realizada com muito estilo na segunda-feira, 16 de setembro de 1991, quando um avião acrobático passou novamente sob a torre Eiffel. Tratava-se de um Mudry Cap-10 roubado ao amanhecer de um pequeno aeródromo ao leste da capital, em Lognes (Seine-et-Marne), e abandonado pelo piloto em um campo no mesmo departamento (em Férolles-Antilly), depois da conclusão da performance.

Esse piloto audacioso nunca foi encontrado. Ele não apenas se esgueirou entre os pilares do monumento como também sobrevoou a Champs-Elysées e voou sob o Arco do Triunfo. Um feito inédito. Um mês antes, em 20 de agosto, um piloto de ultraleve motorizado havia pousado aos pés da torre Eiffel depois de plantar uma bandeira tricolor perto de sua aeronave e também fugir.

Atualmente, somente alguns drones conseguem se aproximar com facilidade da torre Eiffel. Um importante dispositivo militar impede permanentemente qualquer ataque aéreo a Paris, sendo proibido sobrevoá-la.

No entanto, as escaladas temerárias nunca pararam, para o desgosto das equipes de segurança encarregadas de proteger o monumento contra o terrorismo. No início, essas escaladas tinham um caráter puramente esportivo.

Em maio de 1954, uma esteticista de dezenove anos, Annick Cava, conseguiu subir à noite até a segunda plataforma. Ela teria feito essa singular promessa ao avô em seu leito de morte e se preparado para ela durante quatro anos. Ela chegou ao pé da Torre depois do fechamento, por volta das 23 horas, e escalou a estrutura metálica exterior até o primeiro andar pelo pilar norte. No entanto, tendo danificado seus sapatos nas bordas das vigas, ela decidiu continuar descalça até a segunda plataforma, depois tentou em vão alcançar o terceiro andar e desceu novamente. Ela foi encontrada ao amanhecer, desacordada no segundo andar, mas bem.

Em 9 de julho de 1954, um alemão de 22 anos, Alfred Thomanel, foi a Paris especificamente para escalar a Torre. Em pouco mais de cinco horas, ele alcançou o topo. Detido pela polícia ao retornar ao solo e imediatamente liberado, o eminente escalador foi enviado de volta à Alemanha com um bilhete de trem oferecido pela Société d'Exploitation de la Tour Eiffel.

Na época, os administradores consideravam que essas incríveis façanhas serviam a seus interesses. Aliás, para celebrar o 75º aniversário da torre Eiffel, eles organizaram uma subida espetacular. Em 3 de maio de 1964, duas equipes lideradas pelo guia de montanha René Desmaison (1930-2007) e pelo alpinista e escultor Guido Magnone (1917-2012) atingiram o cume pelo pilar oeste. A performance foi filmada por um helicóptero e dezesseis câmeras e transmitida pela Eurovisão para 50 milhões de telespectadores de catorze países. Cerca de cem técnicos foram mobilizados para o evento.

Isso foi suficiente para inspirar outros. Dez anos depois, quando três equipes de estudantes alpinistas foram detidas no primeiro andar, não surpreendeu que os bombeiros brindassem com champanhe ao lado deles.

Com o tempo, a escalada da torre Eiffel perdeu seu caráter sensacional. Assim, para que uma subida se tornasse memorável, ela precisava de uma cobertura midiática especial. Foi o que aconteceu em 31 de dezembro de 1996, quando o famoso escalador Alain Robert a desafiou. Com 34 anos à época, o "Homem-Aranha francês" era um especialista em escalada solitária (e sem equipamento de proteção) de torres cada vez mais altas. Ele precisava incluir a torre Eiffel em seu currículo. Para se destacar, ele escolheu escalar o monumento na noite de Ano-Novo e alcançou o topo à meia-noite, em uma temperatura invernal de dez graus negativos. Isso o obrigou a vestir luvas, embora ele normalmente escalasse de mãos nuas. "No fim das contas, a torre Eiffel não passa de uma grande escada."

Outros o imitariam, imortalizando sua aventura com fotos e principalmente vídeos, postados no YouTube. Essa rede social permite que eles tornem seus feitos amplamente conhecidos. Um britânico de 24 anos, James Kingston, postou as provas de sua ascensão noturna à Torre em 2015, em homenagem ao "Homem-Aranha francês" que o inspirou.

Mas a torre Eiffel não inspira apenas sonhos de voos ou desejos de ascensão, ela também atrai pessoas ansiosas de subir e descer suas escadas em todos os sentidos, com todos os tipos de veículos, e até de saltar no vazio.

Entre as façanhas realizadas sobre duas rodas, destaca-se a do jornalista Pierre Labric. Em 2 de junho de 1923, esse ciclista apaixonado conseguiu descer as escadas do primeiro andar de bicicleta e percorreu os 356 degraus sem cair nenhuma vez. Ao chegar no solo, os agentes o levaram para a delegacia, mas sua performance foi finalmente homologada pelo prefeito Louis Lépine (1846-1933), criador de um famoso concurso de invenções.

Nos anos 1950, o famoso palhaço Zavatta desceu de bicicleta do primeiro andar, e o dublê Coin Coin o fez de monociclo. Depois, vieram os veículos estrondosos, como as motos de competição. Dessa vez, não se tratava mais de descer, mas de subir os degraus um a um. Em 25 de outubro de 1983, os dois campeões Charles Coutard e Joël Descuns subiram até o segundo andar para promover a marca Coutard, que eles tinham acabado de lançar.

Uma façanha semelhante foi realizada desta vez com a força das pernas por dois estudantes de Grenoble. Em 7 de maio de 1987, equipados com mountain bikes, Christophe Riondet (dezoito anos) e Emmanuel Savatier (dezenove anos), subiram os dois primeiros andares da Torre sem colocar o pé no chão. A subida durou cinquenta minutos.

Nesse inventário de façanhas ligadas à torre Eiffel, é preciso mencionar também três eventos tão espetaculares quanto midiáticos. Em 26 de junho de 1987, um neozelandês de 29 anos se atirou do segundo andar da Torre, com os tornozelos amarrados e segurados por um elástico. Um novo esporte radical foi popularizado: o bungee jumping. Depois, em 1989, por ocasião do centenário da Dama de Ferro, o equilibrista Philippe Petit atravessou, em um cabo estendido entre a torre Eiffel e o Palais de Chaillot, os setecentos metros que os separam. Esse equilibrista extraordinário não precisava dessa proeza para ser conhecido e reconhecido, pois já havia caminhado sobre um cabo estendido no topo das duas torres gêmeas do World Trade Center, em Nova York.

Em 2010, o tricampeão mundial de roller, o francês Taïg Khris, pulou do primeiro andar da torre Eiffel e bateu o recorde mundial de salto no vazio em patins.

Por fim, mais recentemente, um jovem de vinte anos (desejando permanecer anônimo) realizou o primeiro salto livre a partir do segundo andar, em 20 de setembro de 2014. Fã de base jumping, ou seja, salto de paraquedas de um ponto fixo, esse morador de Albi (Tarn) se atirou da segunda plataforma e pousou sem problemas. A polícia o multou "por invasão de edifício histórico". Esse paraquedista radical está longe de ser um caso isolado. Nas redes sociais, circulam vários vídeos de base jumpers pulando da torre Eiffel. Um deles, um belga, afirma ter dado seis saltos da Dama de Ferro, um deles filmado em maio de 2006 por uma televisão flamenga.

Um ano antes, um norueguês de 31 anos, também pulando do segundo andar, morreu ao se chocar com as estruturas metálicas. Essa tragédia lembra duas outras, igualmente espetaculares, que ocupam um lugar importante na lenda negra da torre Eiffel.

Em 4 de fevereiro de 1912, um alfaiate de Longjumeau (Essonne), François Reichelt, decidiu ser um homem-pássaro, vestido com um grande véu preto equipado com molas e correias. Os responsáveis da Torre lhe pediram uma declaração de responsabilidade, inicialmente assinada por seus dois acompanhantes, e depois exigiram uma autorização da prefeitura de polícia de Paris. No dia seguinte, o Ícaro suburbano voltou. Um comissário tentou fazê-lo mudar de ideia. Mas homem de roupa preta se atirou no vazio, apesar dos apelos à razão de seus dois amigos. Em vez de planar, seu corpo caiu como uma pedra no chão gelado.

Alguns anos depois, outra tentativa patética. Um relojoeiro de 35 anos, Marcel Gayet, testou um paraquedas experimental, de seda, numa manhã de março de 1928. Um repórter da International News filmaria a cena. Gayet subiu escondendo o equipamento embaixo do casaco. Quando ele saltou, o paraquedas não abriu. Ele morreu na hora. Uma investigação concluiu que ele simplesmente quis dar um fim a seus dias de maneira teatral.

De fato, a torre Eiffel foi muitas vezes escolhida por desesperados. O primeiro suicídio registrado data de 23 de agosto de 1891. Um infeliz se enforcou no pilar norte, a vinte metros de altura. Ele foi encontrado às 4h30 da manhã. Trabalhador de uma gráfica parisiense, ele subiu pelas treliças, iluminando a subida com velas. Uma carta com suas últimas vontades foi encontrada em seu casaco, que incluía a doação de suas roupas a Gustave Eiffel.

Às vezes, um milagre acontece, como em 4 de março de 1963, quando uma jovem se atirou do primeiro andar, mas ficou presa à Torre, com o corpo pendurado no vazio.

Os bombeiros a salvaram e, em 22 de agosto, ela deu à luz um menino em perfeita saúde.

Outro caso de sorte incrível, em 6 de novembro de 1964. Uma jovem desesperada, natural da Normandia (Orbec-sur-Auge), se atirou do primeiro andar e caiu sobre o teto de um carro estacionado, ao fim de uma queda de 57 metros. Os bombeiros a levaram ao hospital Boucicaut, de onde ela saiu onze dias depois. Única sequela: um rim a menos. Por fim, em 19 de maio de 1965, um estudante suíço que pulou do segundo andar foi soprado pelo vento até o telhado do restaurante situado 54 metros abaixo. São e salvo.

Desde 1889, entre 350 e 400 pessoas se mataram pulando da torre Eiffel. A sociedade concessionária sempre se comoveu com esses fatos. Mas só começou a lidar verdadeiramente com a questão em meados dos anos 1960. Na época, os suicídios se sucediam a um ritmo alarmante. A mídia relatava os casos, talvez contribuindo para agravar o fenômeno. A Torre teve um suicídio por dia no auge desse trágico período.

Em 9 de fevereiro de 1965, o chefe de polícia pediu a implementação de um dispositivo antissuicídio. E a Société de la Tour Eiffel instalou em cada uma das plataformas uma enorme grade de aço inoxidável, com malhas grandes o suficiente, 20 centímetros, para permitir a passagem de câmeras fotográficas. Além disso, o número de guardas foi aumentado. No geral, esse dispositivo se mostra eficaz, pois agora é registrado apenas um suicídio por mês, e as tentativas se tornam cada vez mais raras.

Atualmente, a proteção contra possíveis atentados reforça a prevenção de suicídios, restringindo fortemente as possibilidades de escalada. Mas as proezas mais loucas aparentemente não terão fim tão cedo. Para satisfazer os amantes de emoções extremas, é possível que um dia os operadores da Torre organizem um evento especial para bungee jumping ou base jumping, seguindo o que é feito em algumas das torres mais altas do mundo, como em Dubai.

20

A torre Eiffel é um alvo para os terroristas?

Entendemos que este local poderia ser alvo do terrorismo. Mas os acontecimentos gravíssimos que vivenciamos [em novembro de 2015] nos impuseram uma mudança de escala em termos de segurança. [...] Os milhões de visitantes e os funcionários da Torre têm direito à máxima segurança.

BERNARD GAUDILLÈRE, presidente da
Société d'Exploitation de la Tour Eiffel
(La Croix, 21 de junho de 2017).

Símbolo de Paris, a torre Eiffel está na linha de frente dos alvos terroristas. Depois dos atentados de novembro de 2015 na sala de espetáculos do Bataclan e nos terraços de vários bares e restaurantes da capital, que resultaram em 130 mortes e 413 feridos, a ameaça se intensificou, com algumas células terroristas identificando claramente a Torre como alvo, assim como os Champs-Elysées. Em resposta, a polícia de Paris vem realizando uma auditoria completa na segurança do monumento, em estreita colaboração com a Société d'Exploitation de la Tour Eiffel (SETE). Seu presidente, Bernard Gaudillère, destaca que a proteção da Torre "se tornou uma prioridade absoluta", pois "os milhões de visitantes e os funcionários da Torre têm direito à máxima segurança". Espaços de confinamento foram projetados em cada um dos três andares para abrigar as pessoas em caso de ataque.

Além disso, a organização do Campeonato Europeu de Futebol, durante o verão de 2016, confirmou que a segurança da "fan zone" instalada no Champ-de-Mars, constituída por um sistema de cercas e barreiras, estava funcionando bem. As forças policiais acreditam que é de interesse manter e reforçar a proteção física para garantir a máxima segurança nos arredores da torre Eiffel e nos acessos a ela.

Com Paris prestes a sediar os Jogos Olímpicos de 2024, um amplo programa de segurança para a torre Eiffel foi estabelecido pelas autoridades em meados de janeiro de 2017 e foi gradualmente implementado nos meses que se seguiram. Este plano, incluído no grande projeto de modernização da estrutura (que representa um investimento de 300 milhões ao longo de quinze anos, até 2032), prevê uma revisão completa do sistema de vigilância por vídeo, que data do início dos anos 2000, bem como uma reconfiguração completa da área de recepção ao público.

Novas câmeras serão distribuídas por toda a estrutura da Torre, permitindo uma vigilância mais eficaz contra ameaças, desde incêndios até ataques terroristas. Atualmente, o controle de visitantes começa na esplanada, com revistas e inspeções de bolsas pelos serviços de segurança. Em cada andar, os turistas passam por novos controles, incluindo scanners para as bolsas e detectores de metais para as pessoas.

Aberta sete dias por semana, das 9h30 às 23h45 (até às 0h45 no verão), a Torre mobiliza, em regime de rodízio, três equipes de cerca de cinquenta colaboradores da Société d'Exploitation de la Tour Eiffel (que emprega um total de 330 funcionários), incluindo recepcionistas, caixas, operadores de elevadores e profissionais encarregados das informações aos turistas.

Apesar de contar com apenas um punhado de especialistas em segurança, a torre Eiffel recorre a um prestador de serviços especializado, uma empresa de vigilância com 150 funcionários. Além disso, a área ao redor da Torre é totalmente protegida por barreiras e por um muro de vidro instalado na frente e atrás do monumento. Para as laterais da esplanada, foi erguida uma cerca a oeste e leste da Torre. Em frente ao rio Sena (ao longo do Quai Branly) e em frente ao Champ-de-Mars, ao longo da Avenue Gustave Eiffel (envolvendo os pilares sul e leste), uma proteção excepcional é garantida por um muro de vidro à prova de balas com três metros de altura. Essa parede transparente não obstrui a vista da esplanada e protege a Torre de ataques frontais (vindos do Trocadéro) ou vindos de trás pelos jardins do Champ-de-Mars. Tudo isso é reforçado pela instalação de uma série de pilares na frente e atrás da Torre, fixados ao solo para evitar a intrusão de veículos.

Ao mesmo tempo, a proibição de sobrevoo de Paris é garantida por um grande dispositivo militar, que visa impedir qualquer ataque aéreo e, desse modo, tornar impossível o acesso à Torre pelo céu.

Assim que uma aeronave é detectada próxima à capital e avança fora das zonas designadas para o tráfego aéreo comercial, um alerta é acionado. A Força Aérea faz contato via rádio, seguido pela decolagem imediata de caças Rafale, que ficam em alerta contínuo.

No entanto, nenhum sistema de segurança é perfeito, como evidenciado pela espetacular operação de invasão dos militantes do Greenpeace em 5 de maio de 2017, entre os dois turnos da eleição presidencial, para "alertar sobre o programa de Marine Le Pen". A ONG conseguiu desdobrar uma enorme faixa amarela, de trinta metros de largura por dez metros de altura, no primeiro andar da Torre, entre os pilares norte e oeste. Nela, estava escrito: "Liberté, Egalité, Fraternité", com a hashtag #Resist. Cerca de vinte militantes escalaram os pilares ao amanhecer. Eles foram detidos e mantidos sob custódia policial.

Em 16 de fevereiro de 2018, onze deles foram condenados a um mês de prisão por terem cortado as proteções de segurança e a uma multa de trezentos euros por "intrusão" ao monumento. Nove outros foram absolvidos, depois de terem sido processados por se recusarem a se submeter a um teste de DNA durante a custódia.

Segundo o diretor-geral do Greenpeace, Jean-François Julliard, "teria sido incompreensível receber uma condenação rigorosa por defender os princípios de liberdade, igualdade e fraternidade no monumento icônico da França".

Em março de 2002, cerca de trinta alpinistas já tinham escalado um dos lados da Torre para pendurar faixas com a mensagem "Tibete Livre".

Voltando ainda mais no tempo, durante a Guerra da Argélia (1958-1962), há registro de duas tentativas de atentados importantes.

Em 23 de setembro de 1958, um turista descobriu uma bomba com um temporizador nos banheiros do segundo andar. Formada por dois quilos de dinamite e dois invólucros de metal ligados por fios elétricos, ela se assemelhava às bombas usadas pela Frente de Libertação Nacional (FLN), movimento independentista argelino. Em caso de explosão, a Torre provavelmente teria sido decapitada e suas instalações de rádio e televisão destruídas.

Em 13 de julho de 1962, a polícia francesa descobriu um plano para destruir com explosivos o pilar norte da Torre durante a prisão de Philippe Castille (1926-2015), o "chefe de explosivos" da OAS, a Organização Armada Secreta que se opunha, por meio de atentados, à independência da Argélia negociada pelo governo do general De Gaulle e pela FLN. Esse ativista foi um dos autores do ataque com bazuca ao general Salan, comandante da cidade de Argel, em 17 de janeiro de 1957. Depois de errar o alvo, Castille foi preso e condenado a dez anos de prisão. Ele escapou em 1960 e, em 17 de janeiro de 1962, detonou dezoito explosivos simultaneamente em Paris, marcando a primeira "noite azul" dos anais.

Informado dos planos de ataque contra a torre Eiffel, o general De Gaulle se limitou a perguntar: "Ela teria resistido com três pés?". O chefe de Estado anistiou Philippe Castille em maio de 1968, juntamente com outros membros da OAS condenados como ele à prisão.

Hoje em dia, as ameaças, ou melhor, os inconvenientes, vêm de escaladores temerários em busca de desafios ou de candidatos ao suicídio. Quando eles conseguem burlar os controles e passar por todas as proteções sem estarem armados, um grupo especial da brigada de bombeiros de Paris pode ser designado para removê-los, onde quer que se escondam: o GRIMP, Groupe d'Intervention en Milieux Périlleux [Grupo de Intervenção em Ambientes Perigosos], criado em 1984.

Esses militares especializados contam com um médico treinado para dialogar com suicidas, a fim de impedir que tirem a própria vida. Eles intervieram em 6 de outubro de 2017 para salvar um candidato ao grande salto que havia escalado durante a noite e estava entre o primeiro e o segundo andar, pouco depois de sair de um hospital psiquiátrico. Um caso excepcional, já que a frequência das tentativas de suicídio caiu abruptamente depois de 1965, ano da instalação de grades de proteção muito altas em cada andar.

A Dama de Ferro, que resistiu tão bem aos ataques do tempo, parece estar preparada para enfrentar o terrorismo.

21

A torre Eiffel tem boa comida?

> *Ir ao restaurante panorâmico da torre Eiffel equivale a mergulhar em um caleidoscópio mágico.*
>
> MICHEL GONDRY,
> diretor de cinema.

> *Para o presidente americano [Donald Trump], fizemos a caricatura do que ele mais gosta e a ampliamos. Ele adora as tortas de carne que sua mãe fazia, então fizemos* meat pies. *Depois, para conquistar Melania, fizemos legumes do castelo de Versalhes, recheados; depois, um belo linguado com molho holandês e espinafre. Em seguida, carne com batatas soufflé e molho Rossini. Para terminar, suflê de chocolate e sorvete de iogurte, com muito pouco açúcar. Sobre essa refeição, Donald Trump disse: "Não é pesado. É muito bom".*
>
> ALAIN DUCASSE,
> chef do Le Jules Verne.

Desde o início das obras, Gustave Eiffel quis que as pessoas comessem bem em sua Torre. Assim que o primeiro andar foi montado, ele imediatamente organizou um grande banquete, em 29 de abril de 1888, para mais de cem convidados, entre os quais muitos jornalistas. Como um grande burguês, bon vivant, gourmet e amante de vinhos, o empreendedor apreciava as refeições pantagruélicas.

Isso é evidente no menu da ocasião: entrada de trutas com geleia de molho verde, medalhões à béarnaise, lagosta à americana; em seguida, *chaud-froid* de frango, canapés de hortulanas, musse de foie gras. E para finalizar: salada veneziana, mazarines à la Montmorency e gelatina Victoria.

Pouco mais de quatro meses depois, em setembro, eclodiu a primeira greve de seus trabalhadores. Eiffel acalmou os ânimos: ele concordou com aumentos salariais e melhorou as duras condições de trabalho, instalando um refeitório no primeiro andar da Torre, pago, mas muito barato.

Uma vez concluída (em apenas 26 meses) a proeza científica e técnica que constituiu a construção da torre mais alta do mundo, Eiffel imediatamente avançou para a próxima etapa: fazer com que o monumento – habilidoso encaixe metálico que seus detratores consideravam horrendo – fosse amado e fornecer a possibilidade de comer no local.

Quando a Exposição Universal de 1889 foi inaugurada, a torre Eiffel lhe servia de farol e ponto de encontro. Concebida como uma atração de feira, ela fascinava e atraía multidões ansiosas por celebrar espetacularmente o centenário da Revolução Francesa. Mas Eiffel planejava rentabilizar rapidamente a gigantesca torre: ele era seu operador comercial, enquanto concessionário, e a cidade de Paris sua proprietária. Para cobrir os custos, a Société de la Tour Eiffel precisava vender centenas de milhares de ingressos, é claro. Mas também complementar sua receita com entradas adicionais: venda de produtos derivados e lucros dos bares e restaurantes. Tudo isso caía bem: os visitantes, vindos de toda a França e do exterior, queriam poder comer no local, especialmente porque a Torre, quando aberta ao público em 15 de maio de 1889, precisava ser subida pelas escadas – cerca de três quartos de hora de esforço. Um bom aperitivo.

Gustave Eiffel, apreciador de boa comida a ponto de ter sido eleito presidente do clube gastronômico La Marmite, queria tratar bem seus clientes. Na inauguração, a Torre contava com quatro restaurantes, cada um com capacidade para receber quinhentas pessoas. Eles ocupavam toda a plataforma do primeiro andar e eram abrigados em pavilhões de madeira projetados pelo arquiteto do monumento, Stephen Sauvestre.

Havia o Le Brébant, uma filial de um famoso estabelecimento no cruzamento Drouot (desaparecido no entreguerras), cuja cozinha era requintada. A fachada era toda arredondada, enquanto o interior era decorado em um refinado estilo Luís XV. Esse estabelecimento de prestígio oferecia uma vista excepcional da capital a partir de seus grandes terraços voltados para o norte e para o leste da cidade. Era lá que a maioria das refeições oficiais acontecia, bem como os eventos sociais. Os escritores Jules e Edmond Goncourt, bem como Émile Zola, jantaram lá. Mesmo o ardente opositor à construção da Torre, Guy de Maupassant, podia ser surpreendido em suas mesas. Ele justificava sua presença com um gracejo: "É o único lugar onde não a vejo".

O segundo restaurante notável, o L'Alsace-Lorraine, era uma lembrança de que os franceses mantinham os olhos fixos na linha azul dos Vosges e não se conformavam com a perda desses dois departamentos com a derrota de 1870 para a Prússia. Eiffel quis a presença desse restaurante porque adorava chucrute. As garçonetes usavam trajes típicos e serviam a cerveja Tourtel, de Meurthe-et-Moselle. Era lá que a editora Flammarion reunia seus autores, com monólogos e canções servidos como sobremesa por Aristide Bruant.

Os outros dois estabelecimentos eram um restaurante russo, que se gabava de servir cerveja da Lorena, e um bar anglo-americano. Rússia e Inglaterra eram nações estratégicas à época. O governo francês se preparava para firmar uma aliança com os dois países, na perspectiva de uma revanche contra a Alemanha: a futura Tríplice Entente, em oposição à Tríplice Aliança (Alemanha, Áustria-Hungria, Itália). Em 22 de outubro de 1889, oficiais da marinha russa visitaram a torre Eiffel. Entre eles estava o capitão de fragata Rimski-Korsakov, o futuro grande compositor. E alguns dias depois, o grão-duque da Rússia, Vladimir, foi recebido por Gustave Eiffel. Este último o convidou para almoçar no Brébant e depois a visitar seu apartamento no terceiro andar. São Petersburgo era a cidade estrangeira que mais encantava os franceses.

Os ingleses, por sua vez, eram os visitantes estrangeiros mais numerosos da torre Eiffel, a ponto do muito francófilo príncipe de Gales, o futuro rei Eduardo VII, ser o primeiro visitante oficial da Torre, em 10 de junho de 1889. Em visita a Paris para a Exposição Universal, que comemorava a fundação de uma República que havia guilhotinado seu monarca, "Bertie" compareceu a título privado, e não como príncipe. Acompanhado da esposa Alexandra e dos filhos George (futuro rei George V da Inglaterra) e Maud, ele teve direito a duas horas de visita guiada por Gustave Eiffel. O futuro soberano britânico se mostrou muito interessado pelo restaurante inglês do primeiro andar. Mas não parou por lá, continuando sua ascensão até o terceiro andar, onde Eiffel recebia os convidados importantes em seu pequeno apartamento privado. Lá, o príncipe parabenizou o engenheiro por sua obra, antes de descer para ser aclamado pelo bom povo francês. Essa estada parisiense, que também foi ocasião de uma visita de cortesia ao presidente Sadi Carnot, verdadeiramente marcou uma virada nas relações franco-britânicas, resultando em 1904 na Entente Cordiale entre os dois países, que aplacaria as disputas coloniais na África.

Durante essa mesma Exposição Universal, Eiffel recebeu o maior inventor de seu tempo, o americano Thomas Edison, o autodidata de mil patentes, entre as quais a da gravação sonora. Mas o americano, que apreciava muito as homenagens, não gostava tanto de ter que passar tanto tempo à mesa provando tantos pratos. Ele chegou a reclamar disso em sua correspondência.

Eiffel não se ofendeu, para ele tudo era motivo para um banquete. Em 10 de julho de 1889, por exemplo, ele convidou para um jantar de honra todos os envolvidos na construção: trabalhadores, engenheiros, funcionários... De acordo com o menu, eles foram muito bem tratados: sopa camponesa, aperitivos, linguado com molho holandês, cordeiro à bordelaise, *chaud-froid* de frango, pato em *croustades*, sem esquecer a salada, couve-flor à alsaciana. Por fim, as sobremesas: bomba mista, bolo bretão, cesta de frutas. Depois de todos esses banquetes, com o término da Exposição Universal, a torre Eiffel conquistou seu lugar de ponto gastronômico de destaque. Os membros da Sociedade Astronômica da França elegeram a Torre como local de celebração dos solstícios de verão e inverno.

Durante a Exposição Universal de 1900, os restaurantes do primeiro andar foram redesenhados para que os visitantes pudessem desfrutar mais do panorama. O Brébant ampliou sua sala principal, juntando as duas pequenas salas anteriores e ocupando todo o espaço entre os pilares leste e sul, na lateral do Champ-de-Mars.

No entreguerras, a concessão do restaurante francês mudou de mãos: foi assumida por Luce, um grande restaurante da Place Clichy. A seguir, os quatro estabelecimentos originais foram demolidos para a Exposição Colonial de 1937, como parte de uma reformulação completa do setor de alimentação. O arquiteto Auguste Granet, casado com uma neta de Gustave Eiffel, os reconstruiu no estilo dos anos 1930.

Depois da Libertação e da partida do exército americano, que havia instalado um clube noturno na torre Eiffel – considerado por alguns um verdadeiro "bordel militar de campanha" –, os bares e restaurantes foram confiados a André Pignarre. Ele lançou a fórmula das semanas gastronômicas dedicadas à culinária de um país, que seria retomada por seu sucessor Roger Gross, em 1966, que honraria especialmente as grandes regiões francesas. Este novo concessionário, criador das farmácias da Champs-Élysées, substituiu as luzes fluorescentes por lustres venezianos, instalando abajures em forma de torre Eiffel, tudo decorado com estátuas de época. Uma atmosfera aconchegante e retrô.

Alguns anos antes, em 1959, por ocasião do septuagésimo aniversário da Torre, a concessionária organizou um jantar reunindo 75 parisienses nascidos em 1889, dentre os quais o famoso cantor Maurice Chevalier. O menu escolhido foi idêntico ao de 16 de maio de 1889. Ou seja: entradas Champ-de-Mars, linguado de Dieppe ao molho musseline. Em seguida, cordeiro da primavera servido com sorbet de absinto. No prato principal, pato Belle Époque. A refeição chegou ao fim com uma cesta de queijos, bomba de laranja e baunilha, docinhos e bolo de aniversário de setenta anos. Tudo regado com porto Diez 1943, Caillou Blanc do Château Talbot 1957, Château Meney "Prieuré des Couley" 1953, Château Gruaud-Larose 1953 magnum. Além do champanhe Lanson 1952, um fino champanhe Napoléon Courvoisier e licor Bénédictine. Assim se celebrou de maneira esplêndida o início da Quinta República.

Sob Georges Pompidou, os restaurantes da Torre foram completamente repensados. Dois novos estabelecimentos, substituindo os anteriores, surgiram em 1971: Le Paris, destinado a recepções, e Le Trocadéro, aos quais se acrescentou uma brasserie de frente para o Sena.

Quando Jacques Chirac foi eleito prefeito de Paris, a torre Eiffel passou por mais uma pequena revolução: um novo concessionário foi designado, grandes obras de renovação foram iniciadas e os estabelecimentos mudaram completamente. O segundo andar recebeu um restaurante gourmet situado a 125 metros de altura: Le Jules Verne, lançado pela Elitair (Air Maxim's), com o chef Alain Reix. Uma culinária suavemente futurista, em linha com seu nome, enquanto o primeiro andar recebeu uma brasserie de estilo retrô, La Belle France, acompanhada de um bistrô chamado Le Parisien (fechado em 1996).

A reorganização deu frutos. Os estabelecimentos fizeram grande sucesso. Na década de 1980, eles serviam 150 mil refeições por ano, cinquenta toneladas de carne, oitenta toneladas de batatas, trinta toneladas de peixe e um milhão de garrafas de vinho.

Atualmente, o faturamento global da atividade "restaurantes" beira os 40 milhões de euros, com um lucro de 5 milhões de euros. Depois de meses de intensa batalha, a gestão dos restaurantes da torre Eiffel mudou de mãos em 2019. O chef Frédéric Anton (que comanda o restaurante três estrelas Le Pré Catelan, em Paris) assumiu a liderança do prestigiado restaurante Le Jules Verne do segundo andar, substituindo Alain Ducasse. Enquanto isso, o midiático chef Thierry Marx passou a comandar a brasserie Le 58 Tour Eiffel.

Com 105 funcionários (47 na cozinha), este estabelecimento – premiado com uma estrela no guia Michelin – representa o melhor da gastronomia francesa. Foi lá que o presidente americano Donald Trump jantou em 13 de julho de 2017, com seu homólogo francês Emmanuel Macron, ambos acompanhados por suas esposas. Eles comeram tortas de carne, "*meat pies*", e legumes do Château de Versailles. As fotos da mesa foram objeto de uma rara publicidade em todos os meios de comunicação e redes sociais. A torre Eiffel sabe demonstrar sua grandeza.

22

A torre é lucrativa?

Simples porta de entrada da Exposição Universal de 1889, proeza técnica efêmera, a torre Eiffel se tornou o monumento mais lucrativo do mundo desde a sua criação.

ANNE VERMÈS,
professora da Sciences Po Paris.

Desde o início, a torre Eiffel provou ser um excelente negócio. Entre 15 de maio de 1889, data da abertura ao público, e 30 de novembro, data de encerramento da Exposição Universal, da qual era a atração principal, ela recebeu cerca de 2 milhões de visitantes. Gustave Eiffel, que arcou com os custos de construção, esfregava as mãos de satisfação.

A torre Eiffel logo acumulou rendimentos prodigiosos: mais de 6,5 milhões de francos-ouro, o equivalente a cerca de 26 milhões de euros atuais. Deduzidas as despesas operacionais (972 mil francos), isso representa um lucro um pouco superior a 5,5 milhões de francos, enquanto seu custo de construção foi de apenas 8 milhões. Um belo retorno sobre o investimento para o primeiro ano de existência desta atração quimérica, a torre mais alta do mundo.

Gustave Eiffel se viu na posse de uma verdadeira fonte de riqueza. Além disso, ele obteve 15 milhões de lucro na aventura do canal do Panamá, acumulando um capital considerável ao se afastar dos negócios no início da década de 1890.

Ele decidiu deixar a direção da empresa de construção metálica, localizada em Levallois (no subúrbio oeste de Paris), para que a reputação desta não fosse comprometida por seus problemas com a justiça em 1892-1893, que resultaram em uma condenação a dois anos de prisão por abuso de confiança e fraude. Eiffel prudentemente deixou para a Société de la Tour Eiffel a gestão do monumento, que se tornou extremamente popular.

Depois de uma bem-sucedida carreira de empreendedor, Eiffel desfrutou de uma aposentadoria bastante próspera, durante a qual levou uma vida luxuosa, em residências secundárias e destinos turísticos, tanto na França quanto na Suíça, sem negar a si mesmo nada, frequentemente oferecendo recepções suntuosas em sua mansão parisiense, onde vivia com a filha Claire e o genro Adolphe Salles, que o sucedeu na liderança das suas oficinas de construção. Quando de sua morte, em 1923, seus filhos dividiram um portfólio de ações de mais de 44 milhões de francos.

A cidade de Paris, proprietária da Torre sem gastar um centavo, também esfregava as mãos de satisfação. Aquele era um monumento que modernizava o patrimônio da capital e lhe conferia maior projeção internacional.

No entanto, depois do pico de visitação em 1889, o número de visitantes diminuiu, caindo para 200 mil em 1894 e para 150 mil cinco anos depois. Felizmente, a nova Exposição Universal de 1900 em Paris (de 14 de abril a 10 de novembro) trouxe nova vida e novos atrativos para a Dama de Ferro, que então recebeu mais de um milhão de visitantes (exatamente 1.024.887). A iluminação elétrica lhe conferira ainda mais modernidade. Seus elevadores viram suas capacidades aumentarem para mais de 30 mil passageiros por dia, graças à utilização de novas máquinas e cabines. No entanto, depois disso, a afluência caiu drasticamente: apenas 121 mil visitantes em 1902.

No plano financeiro, porém, a questão estava resolvida. Gustave Eiffel realizara uma operação altamente lucrativa, em tempo recorde. Quanto à empresa que operava a Torre, ela desfrutava de perspectivas promissoras, tendo obtido uma concessão de vinte anos, até 1909. Nessa data, o número total de visitantes desde a inauguração já beirava os 7 milhões.

Depois da Primeira Guerra Mundial, durante a qual a Torre foi requisitada para a Defesa Nacional, a visitação voltou a subir, beneficiando-se da Exposição Colonial de 1931 e da Exposição de Artes e Técnicas em 1937. O marco de 15 milhões de visitantes foi ultrapassado em 1931. O de 17 milhões em 1937. A Segunda Guerra Mundial resultou em uma longa interrupção das operações comerciais, até o verão de 1946. No entanto, durante os "Trinta Gloriosos", a Torre se beneficiou plenamente do turismo em massa. Ela se tornou um ícone inevitável, *a* visita imperativa para os estrangeiros.

Basta saber cuidar bem dessa *cash machine*, essa máquina de fazer dinheiro, principalmente por meio de obras de pintura a cada sete anos. A vigésima teve início em 2018, mobilizando cinquenta pintores e exigindo a bagatela de sessenta toneladas de tinta e outros produtos. Pela primeira vez, procedeu-se à remoção das camadas mais antigas contendo chumbo.

Além desses custos recorrentes, é necessário garantir diariamente o transporte dos visitantes em elevadores periodicamente renovados, cada vez mais seguros e rápidos.

Em velocidade de cruzeiro, a empresa apresenta uma rentabilidade confortável. Mas o perigo está em descansar sobre os louros. Com o passar dos anos, a Torre parece reservada aos provincianos e estrangeiros. Os parisienses e os habitantes da Île-de-France a ignoram, alguns fazem questão de nunca a visitar. Isso leva ao risco de uma perda comercial, como em 1974, quando a empresa operadora – lucrativa até então – registrou uma perda de 416 mil francos, não distribuindo dividendos aos acionistas.

Monumento pago mais visitado do mundo, a Torre sente a concorrência do palácio de Versalhes e do Centro Pompidou desde que este abriu suas portas, depois de uma polêmica que lembra aquela enfrentada por Gustave Eiffel noventa anos antes.

No final dos anos 1970, a torre Eiffel enfrentou uma nova virada em sua história comercial. A concessão, assinada por trinta anos em 1º de janeiro de 1950, estava chegando ao fim. O monumento precisava de uma grande renovação: era preciso substituir um dos elevadores (o que ligava o segundo andar ao terceiro) e todos os sistemas de segurança. No entanto, o contexto político acabava de mudar: em 1977, Paris recuperou o status de cidade com administração própria com a eleição do prefeito Jacques Chirac. Confrontado com uma empresa administradora que havia décadas tinha rendimentos substanciais sem fazer esforços especiais, apenas evitando problemas, o novo administrador decidiu intervir. Ainda mais porque o monumento envelhecido necessitava de trabalhos de manutenção e renovação adiados por tempo demais. Além disso, boatos diziam que a empresa operadora da Torre constituíra conjuntos residenciais e bens imobiliários muito rentáveis, mas que essa política de investimentos prejudicava os gastos com a manutenção do monumento.

No final de 1979, Jacques Chirac tomou duas decisões estratégicas. Primeiro, ele decidiu não renovar a concessão da Torre e confiar sua operação a uma nova entidade: a Société Nouvelle d'Exploitation de la Tour Eiffel, com um contrato de 25 anos, de 1º de janeiro de 1981 a 31 de dezembro de 2005. Em segundo lugar, ele encarregou um colegiado de especialistas, liderados pelo arquiteto Jean Prouvé, de realizar uma avaliação técnica. O arquiteto François Dhôtel e a empresa Séchaud et Bossuyt trabalharam no reforço das estruturas, no aumento da capacidade de visitação, na melhoria da segurança e na renovação dos equipamentos, com um novo elevador de duas cabines levando ao topo em tempo recorde (operando a partir de 1983).

A renovação foi aprovada pelo Conselho de Paris em 23 de fevereiro de 1981. Custo da operação: mais de 200 milhões de francos. Mas ela se revelaria, mais uma vez, altamente rentável. Pois o faturamento da torre Eiffel subiu rapidamente: 47 milhões de francos em 1980, 68 milhões em 1983, 116 milhões em 1985, 144 milhões em 1988, à véspera do centenário da Torre, que atraiu no ano seguinte mais de 5,5 milhões de visitantes, um novo recorde histórico.

Enquanto isso, a Société de la Tour Eiffel, fundada em 1889 por Gustave Eiffel, continuava seu surpreendente percurso contra todas as expectativas. Com a concessão revogada, seria possível esperar sua extinção. Mas não. Depois de constituir um interessante portfólio de ações e obrigações, ela obteve um rendimento de 20% em 1979 e continuou suas atividades de investimento em títulos e gestão imobiliária em Paris. Uma das peculiaridades da Torre é que duas empresas carregam seu nome, a antiga, que prospera com seus ativos acumulados no passado, e a moderna, que gerencia os interesses presentes e futuros.

Uma redistribuição das cartas aconteceu em 2005. A concessão conferida por Jacques Chirac estava prestes a expirar. O socialista Bertrand Delanoë havia sido eleito prefeito de Paris em 2001. Ele não concordava com a fórmula de uma empresa de economia mista (metade privada, metade pública) adotada pela direita: ele queria "municipalizar" os serviços públicos que eram um monopólio e aproximar a gestão da Torre do Hôtel de Ville, com a supervisão do adjunto do prefeito encarregado do turismo sobre a empresa que administrava a Torre. Renomeada SETE (Société d'Exploitation de la Tour Eiffel), esta última se tornou 100% pública. Mais do que nunca, Paris cuidava de sua Torre, enquanto se aproximava, em 2009, da comemoração de seus 120 anos.

Anne Hidalgo seguiu a mesma linha de Bertrand Delanoë, a quem sucedeu em 2014. Era chegada a hora de proceder a uma terceira grande reforma da Dama de Ferro. Pois em 2024 a capital receberá os Jogos Olímpicos, pela primeira vez em um século. O evento deve elevar a visitação a níveis nunca alcançados (7,4 milhões de visitantes), gerando uma afluência tão grande que os elevadores percorrerão o equivalente a 2,5 voltas ao redor da Terra em um ano!

Um grande plano de modernização teve início em 2017, totalizando 300 milhões de euros (totalmente autofinanciados) ao longo de quinze anos. As tarifas foram aumentadas para serem equiparadas às das grandes torres estrangeiras, como o Empire State Building de Nova York ou o Shard de Londres. Assim, o preço do ingresso para subir até o topo pelos elevadores passou de 17 euros para 25 euros em 1º de novembro de 2017.

É preciso dizer que a receita da Torre atingiu quase 80 milhões de euros em 2016, com quase 6 milhões de visitantes pagantes. Desempenho igualmente notável em 2017, com o mesmo número de ingressos vendidos. Além da bilheteria, é esperado um forte aumento das receitas adicionais no futuro, seguindo o exemplo de outros pontos turísticos parisienses. As lojas da Torre geram quase 12 milhões de euros. E os restaurantes alcançam faturamentos consideráveis: 18,1 milhões de euros para o Le Jules Verne, de Alain Ducasse, no segundo andar, que recebeu em 2017 os casais Trump e Macron; 15,6 milhões para o Le 58 Tour Eiffel do primeiro andar; sem esquecer o bar de champanhe e o buffet que, juntos, renderam 8,5 milhões em 2016.

Mas esses números são insignificantes comparados ao valor da torre Eiffel, cuja imagem foi avaliada em 434 bilhões de euros em um estudo da câmara de comércio de Monta, na Itália. Muito mais do que a do Coliseu de Roma, avaliada em 91 bilhões, ou da Torre de Londres, estimada em 70 bilhões. E os italianos sabem do que estão falando: foram majoritariamente trabalhadores da Península que construíram a torre Eiffel.

Marcos históricos

1832
15 de dezembro: Nascimento de Gustave Eiffel em Dijon, filho de Alexandre Bönickhausen e Mélanie Moneuse, que se casaram em 1824.

1844
Primeira viagem de Gustave Eiffel a Paris.

1850
Ele frequenta o colégio Sainte-Barbe em Paris. Preparação para o concurso de admissão na Escola Politécnica.

1852
Ele não é admitido na Politécnica, mas ingressa na Escola Central.

1855
Formatura na Escola Central.

1856
Começa a trabalhar na empresa de Charles Nepveu, construtor de máquinas e equipamentos ferroviários.

1858

Supervisiona a construção da ponte sobre o rio Garonne, em Bordeaux.

1862

Casamento com Marie, também conhecida como Marguerite Gaudelet.

1863

Nascimento da filha mais velha, Claire.

1865

Visita à obra do canal de Suez.

1866

Estabelece sua oficina nos arredores de Paris, em Levallois--Perret, para onde se muda com a família.

1867

Primeiro grande contrato para os viadutos sobre o rio Sioule, em Saint-Bonnet de Rochefort (Allier).

1869

Jules Simon, candidato republicano, faz um discurso político nas oficinas de Eiffel.

1870

Junta-se à Guarda Nacional como sargento no início da guerra contra a Prússia.

1872-1873
Consegue os primeiros contratos na América Latina, no Peru e na Bolívia.

1875
Inicia a construção da estação ferroviária de Budapeste e da ponte Maria-Pia no Porto.

1877
Morte de sua esposa Marie. Viaja com a filha Claire para Portugal para inaugurar a ponte sobre o rio Douro.

1878
Constrói dois pavilhões para a Exposição Universal de Paris.

1879
Gustave Bönickhausen passa a se chamar Eiffel.
O escultor Frédéric Auguste Bartholdi recorre a ele para a construção da estrutura da Estátua da Liberdade.

1881
Perde nas eleições cantonais de Neuilly-sur-Seine (região parisiense).

1884
6 de junho: Maurice Koechlin, engenheiro de Eiffel, realiza o primeiro esboço da futura torre Eiffel em sua residência em Paris. Ele assina com o colega Émile Nouguier o anteprojeto de uma torre de trezentos metros de altura.

18 de setembro: Gustave Eiffel e seus dois engenheiros registram uma patente de invenção para a construção de pilares e torres com mais de trezentos metros de altura.

22 de outubro: *Le Figaro* revela o projeto de uma torre de trezentos metros para a Exposição Universal de 1889.

1885
Casamento de sua filha Claire com Adolphe Salles, que se torna seu braço direito e depois o sucede na liderança da empresa.

1886
12 de junho: Eiffel é encarregado da construção da torre de trezentos metros no Champ-de-Mars.

26 de outubro: Inauguração da Estátua da Liberdade em Nova York.

1887
8 de janeiro: Assinatura do contrato para a construção da Torre entre o Estado, o prefeito do Sena e Gustave Eiffel. A concessão para a exploração por vinte anos é concedida a partir de 1º de janeiro de 1890.

28 de janeiro: Início das obras da Torre no Champ-de-Mars.

14 de fevereiro: *Le Temps* publica o "Protesto dos artistas" contra a edificação da Torre e a resposta de Gustave Eiffel.

10 de dezembro: Contrato entre Eiffel, Ferdinand e Charles de Lesseps para a construção das eclusas no canal do Panamá.

1888
Início dos trabalhos de Eiffel no canal do Panamá.
31 de dezembro: Fundação da Société de la Tour Eiffel.

1889
4 de janeiro: Início dos trabalhos para a instalação dos elevadores americanos Otis na Torre.

4 de fevereiro: Falência da Companhia do Panamá.

20 de fevereiro: Início da instalação do elevador Edoux que leva ao terceiro andar.

31 de março: Inauguração da torre Eiffel. Colocação da bandeira tricolor no topo.

1º de abril: Fuga do general Boulanger para a Bélgica.

5 de maio: Abertura da Exposição Universal.

15 de maio: Abertura da Torre ao público. Acesso apenas pelas escadas. 28.922 visitantes na primeira semana.

26 de maio: Primeiro elevador Roux Combaluzier entra em operação.

11 de setembro: Jantar em homenagem ao inventor americano Thomas Edison no primeiro andar.

31 de outubro: Fechamento da Exposição Universal. A Torre recebeu 2 milhões de visitantes.

31 de dezembro: Encerramento das atividades da empresa Gustave Eiffel et Cie depois do escândalo do Panamá.

1890
Instalação de uma estação meteorológica no topo da Torre. Eiffel adquire uma mansão na Rue Rabelais, em Paris.

As queixas dos pequenos investidores do Panamá se acumulam na mesa do procurador-geral.

30 de junho: Primeira experiência de navegação noturna de balão a partir da torre Eiffel.

1891
Janeiro: Revés de Gustave Eiffel nas eleições senatoriais na Côte-d'Or.

22 de julho: Seu projeto de metrô é adiado *sine die* pelo conselho municipal de Paris.

1892
Experimentos de aerodinâmica de Louis Cailletet na torre Eiffel.

Repintura em tons de amarelo ocre.

6 de setembro: *La Libre Parole*, o jornal do panfletário antissemita Édouard Drumont, revela o escândalo do Panamá; no dia 8, o nome de Eiffel aparece pela primeira vez no caso.

19 de novembro: Gustave Eiffel é intimado judicialmente com Ferdinand e Charles de Lesseps.

1893
10 de janeiro: Início do julgamento de Gustave Eiffel. Ele se retira de sua empresa, que passa a se chamar Société de Construction de Levallois-Perret.

9 de fevereiro: É condenado a dois anos de prisão.

8 de junho: É preso na Conciergerie.

15 de junho: O julgamento é anulado pela Corte de Cassação por prescrição. Gustave Eiffel é libertado.

1894
Ele dá início a experimentos científicos na Torre enquanto uma campanha contra sua permanência na Ordem da Legião de Honra é iniciada.

1896
Primeiros testes de fotografia à distância (telefotografia) a partir da Torre.

1897
Eiffel faz modificações na Torre para a Exposição Universal de 1900.

1898
5 de novembro: Primeira ligação de telegrafia sem fio entre a torre Eiffel e o Panteão, a 4 quilômetros de distância.

1899
A Torre é repintada em cinco tons de degradê: do laranja escuro na base ao amarelo claro no topo.

1900
Durante a Exposição Universal, a torre Eiffel recebe iluminação elétrica, com 5 mil lâmpadas instaladas nas laterais. As plataformas e os elevadores são modificados.

1902
Publicação do livro *La Tour Eiffel en 1900*, por Gustave Eiffel. Reforço dos montantes acima do segundo andar.

1903
9 de julho: A Commission du Vieux Paris propõe a demolição da Torre. O comitê técnico da prefeitura do Sena emite um parecer favorável à prorrogação da concessão.

15 de dezembro: Eiffel propõe colocar a Torre à disposição do exército para experimentos com a TSF.

1904
Início das experiências de aerodinâmica de Gustave Eiffel na Torre.

21 de janeiro: Instalação de uma estação de TSF pelo capitão Ferrié.

1905
Início da ligação da Torre com as fortalezas do Leste (Maubeuge, Verdun, Toul, Belfort) e com a África do Norte.

1906
12 de julho: O conselho municipal autoriza o prefeito do Sena a prorrogar por cinco anos a concessão da Torre.

1º de dezembro: Decreto do prefeito do Sena prorrogando a concessão da Torre até 1º de janeiro de 1915.

1907
Eiffel instala um laboratório de aerodinâmica (túnel de vento) aos pés da Torre. Um relógio elétrico de seis metros de altura é instalado no segundo andar: ele mostra a hora em números luminosos.

1908
15 de maio: Decreto do prefeito do Sena prorrogando a concessão até 1º de janeiro de 1926.

1909
A estação de rádio militar subterrânea é concluída. Primeiros testes de TSF na Torre.

18 de outubro: Um avião contorna a Torre. Um Wright de madeira e lona, pilotado pelo conde de Lambert.

1910
Serviço de transmissão de sinais horários a partir da Torre, unificando a medida do tempo em todo o mundo.

1912
Frantz Reichelt, um alfaiate de Longjumeau (Essonne), se estatela no chão depois de pular da Torre de paraquedas.

1914
3 de agosto: A Torre é mobilizada, declarada "terreno militar" e interditada ao público.

1919
31 de maio: Desmobilização da Torre.

23 de julho: Deliberação do conselho municipal de Paris prorrogando a concessão até 31 de dezembro de 1945.

1921
A estação de TSF se torna Radio Tour Eiffel. Primeira experiência de radiodifusão transmitida pela Torre com Lucien e Sacha Guitry.

1922
Instalação de um estúdio temporário no pilar norte.

1923
27 de dezembro: Morte de Gustave Eiffel em Paris e enterro em 31 de dezembro em Levallois-Perret.

1924
A Torre é repintada de amarelo e marrom.

1925
27 de maio: Início das obras de instalação das luzes "Citroën" por Fernand Jacopozzi. Elas são inauguradas em 4 de julho.

3 de novembro: Lançamento do jornal falado por Maurice Privat a partir do estúdio da torre Eiffel.

1929
Inauguração do busto de Gustave Eiffel ao pé do pilar norte da Torre.

1933
Instalação de um relógio com mostrador de 20 metros de diâmetro.

1934
Instalação de um termômetro luminoso.

1935
Primeira transmissão de televisão no topo da Torre.

1939
Para o 50º aniversário da Torre, uma missa é celebrada no primeiro andar pelo arcebispo de Paris, monsenhor Chaptal. Setembro: Requisição da Torre.

1940
14 de junho: Ocupação da Torre pelo exército alemão, que instala uma estação de transmissão no topo.

1944
24 de agosto: Uma bandeira tricolor é hasteada no topo da Torre.

26 de agosto: O exército americano ocupa a Torre.

1946
Morte de Maurice Koechlin, o primeiro designer da torre Eiffel.

25 de março: Fim da ocupação da Torre pelo exército americano.

10 de outubro: A concessão é prorrogada até 1º de janeiro de 1950 e sua exploração é novamente concedida à Société de la Tour Eiffel até 1º de janeiro de 1980.

1952
Instalação de uma luz aeronáutica de sinalização. Ela substitui a do monte Valérien, destruído durante a guerra.

1953
Visitante de número 25 milhões da torre Eiffel.

1954
A Torre é repintada em um tom marrom-avermelhado. Instalação de um radar no topo para segurança da área em torno da capital.

1956
3 de janeiro: Incêndio no terceiro andar.

1957
Reconstrução do topo, instalação de uma antena de televisão, que eleva a altura da Torre para 318,70 metros.

1962
A cantora Edith Piaf realiza um concerto em uma noite de gala organizada para o lançamento do filme O *mais longo dos dias*.

1964
24 de junho: A Torre é inscrita no Inventário Suplementar dos Monumentos Históricos.

1965
9 de junho: Inauguração de um novo elevador no pilar norte.

1968
A Torre é repintada em um tom cinza-bege.

1979
A cidade de Paris confia à Société Nouvelle d'Exploitation de la Tour Eiffel a gestão da Torre a partir de 1º de janeiro de 1980.

1981
Março: Início das grandes obras de renovação da Torre. Abertura do restaurante Le Jules Verne.

25 de maio: A Société Nouvelle d'Exploitation de la Tour Eiffel é encarregada de administrar a concessão por 25 anos, até 31 de dezembro de 2005.

7 de dezembro: Começo das transmissões da Radio-Service Tour Eiffel.

1982
Inauguração das novas instalações do primeiro andar.

1983
Junho: Concerto do pianista Alexis Weissenberg em uma sala do primeiro andar.

Dezembro: Leilão da escada helicoidal da Torre, fim das grandes obras.

1985
31 de dezembro: Inauguração da nova iluminação concebida por Pierre Bideau.

1989
O equilibrista Philippe Petit chega o Palácio de Chaillot caminhando sobre um cabo de setecentos metros de comprimento estendido entre o Trocadéro e o primeiro andar da Torre.

1993
Visitante de número 150 milhões.

1995
A Torre é repintada em um tom "marrom torre Eiffel".

1997
5 de abril: A contagem regressiva para o ano 2000 é ligada à meia-noite.

1998
Na esplanada, três tenores famosos: José Carreras, Plácido Domingo e Luciano Pavarotti cantam diante de 200 mil espectadores.

2000
Concerto de Johnny Hallyday diante de 600 mil espectadores.

31 de dezembro: Implementação das luzes pisca-pisca do monumento.

2002
Para a primeira Nuit Blanche (5 a 6 de outubro) em Paris, a artista Sophie Calle convida estranhos para ler uma história para ela em um quarto preparado no topo da Torre.

2005
Saltos de patins do primeiro andar da Torre pelo campeão Taïg Kris, entre 18 e 20 de novembro.

2017
28 de setembro: A torre Eiffel ultrapassa a marca dos 300 milhões de visitantes.

Bibliografia selecionada

Obras gerais:
BARTHES, Roland. "La Tour Eiffel". In: *Œuvres complètes, tome 1 (1942-1965)*, p. 1381-1400. Paris: Gallimard, 1964.
BERMOND, Daniel. *Gustave Eiffel*. Paris: Perrin, 2002.
BRAIBANT, Charles. *Histoire de la tour Eiffel*. Paris: Plon, 1964.
CARACALLA, Jean-Paul; CARS, Jean des. *La Tour Eiffel, un siècle d'audace et de génie*. Paris: Denoël, 1989.
COUPIÉRIE-EIFFEL, Philippe. *Eiffel par Eiffel*. Paris: Michel Lafon, 2013.
FREMY, Dominique. *Quid de la tour Eiffel*. Paris: Robert Laffont, 1989.
GAILLARD, Marc. *La Tour Eiffel*. Paris: Flammarion, 2002.
JONES, Jill. *La Tour*, tradução de *Eiffel's Tower* (2009). Paris: Le Cherche Midi, 2014.
LAINÉ, Pascal. *Le Mystère de la tour Eiffel*. Paris: Albin Michel, 2005.
_____. *Édouard Lockroy, l'oublié de la tour Eiffel*. Paris: Nouveau Monde Editions, 2012. (Coleção "Histoire".)
LANDON, François. *La Tour Eiffel*. Paris: Ramsay, 1989.
LEMOINE, Bertrand. *La Tour de Monsieur Eiffel*. Paris: Gallimard, 1989. (Coleção "Découvertes", n. 62.)

_____. *La Fantastique Histoire de la tour Eiffel*. Rennes: Ouest France, 2015.

LOYRETTE, Henri. *Gustave Eiffel*. Paris: Payot, 1986.

_____. "La tour Eiffel". *In: Les Lieux de mémoire, sous la direction de Pierre Nora*, vol. 3. Paris: Gallimard, 1997.

LYONNET DU MOUTIER, Michel. *L'Aventure de la tour Eiffel: réalisation et financement*. Université Panthéon-Sorbonne, Publications de la Sorbonne, 2009.

MARREY, Bernard. *La Tour Eiffel*. Centre des Monuments nationaux, Monum-Editions du Patrimoine, 2001.

MATHIEU, Caroline. *Gustave Eiffel, le magicien du fer*, catálogo da exposição no Hôtel de Ville de Paris. Paris: Editions Skira e Flammarion, 2009.

MATTANZA, Alessandra. M*on Paris, la Ville lumière par ses plus célèbres habitants*. Paris: Gründ, 2016.

SEITZ, Frédéric. *La Tour Eiffel, cent ans de sollicitude*. Paris: Belin-Herscher, 2001.

_____. *Gustave Eiffel. Le triomphe de l'ingénieur*. Paris: Armand Colin, 2014.

VERMÈS, Anne. *Piloter un projet comme Gustave Eiffel. Comment mener un projet contre vents et marées*. Paris: Eyrolles, 2013.

WEBER, Eugène. *Fin de siècle, la France à la fin du XIXe siècle*. Paris: Fayard, 1986.

Documentários em vídeo:

"Toujours plus haut", de Emmanuel Sudre. France 5, 2017.

"Mademoiselle Eiffel rembobine", de Philippe Tourancheau. France 5, 2014.

"Tour Eiffel: la grande épopée", de Barbara Necek. BBC WorldWide France, 2014.

"Sur les traces de Gustave Eiffel", de Virginie Coupérie-Eiffel e Charles Berling. France 5, 2011.

"Des racines et des ailes, special 120 ans de la tour Eiffel", France 3, 2009.

"La légende vraie de la tour Eiffel", de Simon Brook. Studio Canal, 2005.